JN013381

萩原　拓（北海道教育大学旭川校）

　特別支援教育施行後の ASD 当事者を取り巻く状況を、我々はどの程度正しく把握しているのだろうか。就学直後から就学期終了まで、すべてにわたって特別支援教育を受けた世代があたりまえになってきた現在、適切な支援のために把握すべき発達障害特性について、またライフステージを通した支援のあり方など、我々はどのくらいわかっているのか、また進歩しているのか、自信を持って言えることはそれほどないのかもしれない。別の言い方をすれば、現状の課題についての解説や問題提起はいくらでもできるのだが、全体的な ASD 支援の成果について、当事者やその家族はもちろん一般の方々に明確に示すことは未だ難しい。その理由の一つは、特別支援教育をはじめとする発達障害支援のアウトカムについて、エビデンスに基づいた検討があまりにもされていないからである。

　「スペクトラム」と認識された当初とは違い、今や、成人期の当事者は強い増加傾向にある。現時点における成人期に注目した多角的な検討は、これまで実践してきた学齢期を中心とした支援のアウトカムを確認する機会とも言える。さらに言えば、学齢期前の早期支援および学齢期後の就労・生活支援は、双方とも特別支援教育と密接につながっている。早期支援の効果は学齢期の支援を方向づけるものであるし、当事者の就労・生活支援は学齢期支援のアウトカムに左右される。支援のアウトカムに焦点を当てた調査および検討は、現状把握に必要なステップと言える。

　本号では、就学期前後の支援に焦点を当てた論文が集まった。対象年齢の順に見ていくと、一本は親子入院を前提とした療育プログラムの報告であり、地域のニーズに合わせた支援実践として興味深い。一定期間通常の家庭環境から離れるということは当然メリット・デメリットを併せ持つが、このような条件でこそ可能な早期支援は、地域や家庭などさまざまな多様な条件に対応する選択肢の一つであるべきだと思われる。次の一本は、幼稚園における遊びを通したソーシャルスキル向上の支援実践である。通常、幼稚園には特別支援学級のような個別環境を作ることは難しく、できる限り全体プログラムの中での支援が求められるが、本論文はそのような条件下での貴重な実践報告と言える。また、学齢期後では当事者の就労支援を雇用現場の視点から、ジョブコーチをはじめとする訪問型職場適応援助者の効果を調査した報告が掲載されている。ASD 当事者の就労支援も、就職から職場定着に支援の視点が移行している現状がうかがえる。本号にはまた、実験アプローチの論文が1本掲載された。本誌は実践アプローチの論文が多い傾向にはあるが、支援には実験によるエビデンス蓄積が不可欠である。本誌が今後も、多角的に ASD を中心とした学術的探究の場の一つとなるよう努力していきたい。

Contents |目次|

The Japanese Journal of Autistic Spectrum

自閉症スペクトラム研究

第21巻　第2号
July　2024

The Japanese Journal of Autistic Spectrum 2024, Vol.21-2, 5-10

講演録

自閉スペクトラム児・者支援のこれからの実践課題

Future practical challenges in supporting children and adults with autism spectrum disorder

吉川　徹（愛知県尾張福祉相談センター／あいち発達障害者支援センター／愛知県医療療育総合センター中央病院）

Toru Yoshikawa（*Owari Public Welfare Consultation Center, Aichi Prefecture / Aichi Developmental Disability Center / Aichi Developmental Disability Center Central Hospital*）

■要旨：自閉スペクトラムへのさまざまな支援の領域において、量的な問題への対応は大きな実践上の課題となっている。近年の調査では、日本の多くの地域で5歳までに自閉スペクトラム症と診断される子どもは3%を超えている。スクリーニングの感度の上昇や診断基準の多元化などにより、今後更に多くの支援が求められる状況が予想される。

医療分野では、専門医の不足が深刻な問題となっており、高い専門性を持つ医師や医療従事者の養成と一般医の対応力向上が求められている。

福祉分野では、例えば放課後等デイサービスの場合、供給量は増加し、多くの地域で量的な需要を満たすことに成功しているが、これに対しサービス供給の総量規制や支援の基準の引き上げが行われるようになっている。一方で相談支援専門員など、量的に不足している領域もあり、資源配分の適正化が求められている。教育分野では、通常の学校や学級で自閉スペクトラムに対応するための支援が進められているが、通級指導教室の拡充や一般教員の対応力向上が求められている。

これらの課題に対応するため、各分野での専門性を持つ支援者の養成や、ICT機器、AI、ロボットの活用が必要である。現場で活動している各々の支援者が、地域の中で果たすべき役割を再考することが求められている。研究者もまた、研究成果の社会実装を進め、支援者の実践課題達成を支える役割を果たすべきである。

Ⅰ．量に対する支援

近年では自閉スペクトラムは、非常に多くの人にみられる特性であることがわかっている。日本の実態調査においても、5歳の時点までにすでに医学的な診断を受けている自閉スペクトラム症と考えられる子ども達が、多くの地域で3%を越えていることが明らかとなっている（Sasayama et al., 2021）。

これは従来考えられていたよりも更に多く、必ずしも医学的な診断を受けない群をも支援対象とすることとなっている特別支援教育の枠組みなどでは、潜在的には更に多くの子ども達、大人達が支援の対象となりうるということになる。また5歳児健診の推進なども施策化されつつあり、今後、地域でのスクリーニングの感度は更に上昇することが見込まれる。

そうした中、支援の現場では、「一体、自分達は地域の人達のうち何%を支援の対象とすればよいのか」という疑問に突き当たっている。例えば「年間出生数○千人の地域で、児童精神科の初診枠は○○あればよいのか」、「小児人口△万人の地域で、放課後等デイサービスは△△人の利用枠があればよいのか」、「新入学児童数×百人の地域で、通級指導学級は×あれば充分なのか」といった疑問に対して、答えを出していかなければいけないのである。

更に自閉スペクトラム症の診断自体はカテゴリカルに行われるが、近年導入されつつあるディメンジョナルな評価、つまりはある特定の限定された特性に着目した評価を行う場合には、そこにはいわゆる定型発達と言われる群との連続性も指摘される。例えば社会的応答性という一つの尺度を取ってみれば、児童期においても（Tsuchiya et al., 2013）、成人期においても（Takei et al., 2014）、特性の強い群と弱い群はなだらかに移行し、その特性は連続的に分布していると言えるのである。

では、こうした特性の連続的な分布とカテゴリカルな診断との関係をどのように考えるべきなのだろう

か。現時点では筆者は、水温と水の態変化のアナロジーで考えるのが理解しやすいと考えている。つまり水温は連続的に変化するが、ある特定の温度（例えば融点である０度）を境に、氷－氷水－水とその態は移り変わる。同様に例えば自閉スペクトラムにおいても、社会的応答性といった１つひとつの特性は連続的に変化したとしても、ある一定の閾値を越えると困り方の形相ががらっと変わる、あるいは複数の特性の組み合わせが生じたときに困り方が大きく変わるといったことが起こりうるのではないだろうか。このように考えたとき、個々の特性の程度に着目して支援の対象をカウントしていくのか、困り方の形相によってそれを決めていくのかによって、支援対象の規模は大きく変わってくる可能性がある。

いわゆる「グレーゾーン」への支援を考える場合にもその捉え方によって、支援対象の規模は大きく変わってくる。例えば、以下のそれぞれの状態の人はいわゆるグレーゾーンと呼べそうだが、支援の対象とすべきかどうかは判断が分かれるだろう。

• 医療機関を受診すれば、診断がつく可能性が高いが、受診を待っている、ためらっている人。
• 医療機関を受診してたとしても、厳密な診断基準を満たさない人。
• 主に成人の場合など、横断面ではいかにも診断基準を満たしそうだが、充分な情報が得られないために確定診断ができない人。

また、いわゆる発達障害の「併存」について考える場合にも、さまざまなケースが存在しうる。

• 診断基準を満たす複数の発達障害等が存在する。
• １つの診断基準を満たす発達障害と「グレーゾーンの併存症」がある。
• １つひとつを見ればグレーゾーンの特性がたくさん重なっていて、一つも確定診断ができないけれど、困り方は大きい。

どこまでを支援の対象と考えるかによって、対象となる人の数は変わってくるのである。

このように考えていくと、カテゴリカルな診断の限界も見えてくる。どんなに診断の基準を厳密にしようとしても、その辺縁に曖昧な部分が残ってしまう。また生物学的な研究を通じて得られているデータとカテゴリカルな診断の有無は必ずしもうまく関連せず、ま

たカテゴリカルな診断は病因との関連を突き止めにくいものでもあるとも言われてきている。

現在、精神医学の領域では、例えば自閉スペクトラム症について、一定の基準の範囲に当てはまるものを診断するという考え方ではなく、いわゆる障害の特性を個々に連続的に評価してある人の全体像を記述していくことを目指すディメンジョナル（多元的）診断という考え方が導入されつつある（Kraemer, 2015）。

しかしこうした多元的な評価は、一般の支援者や当事者が理解してこれを活用するのは難しいとも言われている。更にこのような考え方を用いた場合、「一体、何人の人を支援すればよいのか」という疑問への答えはますます得られにくくなるのかもしれない。

おそらく現在、さまざまな領域の支援者が直面している自閉スペクトラム支援の実践課題は、その「量」への対応である。もちろん支援の質の問題は存在するが、支援対象が少数に留まるのであれば、質の高い支援を行っていくことも現状で困難ではない。今、我々を圧倒しているのは、量の問題である。今後、我々はこれまで以上に量を意識した支援、量を意識した支援者養成を行っていく必要があり、また量を意識した研究、つまりは費用対効果を考えた研究を行っていく必要もあるのではないだろうか。

量に対する支援を考える時、おおまかに以下のように分けていくことが有用であるように思われる。

• 特別な場所で高い専門性を持った人による支援を行う。
• 普通の場所で高い専門性を持った人による支援を行う。
• 普通の場所で普通の専門性を持った人による支援を行う。
• 普通の場所で専門性を持たない人が支援を行う。

それぞれの支援者がどの状況で活動しているのかを意識しつつ、支援を行っていくこと、更には支援者の養成や支援体制の整備を進めていくことで、解決すべき課題が見えやすくなる。このように考えたとき、支援者養成の課題はおおまかに、専門性の高い支援者を育成していくことと、特別な専門性を持たない人を自閉スペクトラムの支援に安全に関われる支援者にしていくことに分けられるのかもしれない。

Ⅱ．医療・保健分野の課題

　このような量の課題が、現在わかりやすい形で表面化しているのは医療分野の支援である。医療分野は量への対応に圧倒的に失敗している分野である。自閉スペクトラム症の専門的な診療を行える医療機関は、多くの地域で数カ月から、時には年を越える長大な初診待機期間となっている。日本は COVID-19 の流行期に多くの診療分野で受診や処置の遅延が生じ、「医療崩壊」が取り沙汰されたが、その基準で言うならば、自閉スペクトラム症の診療分野は慢性的に「医療崩壊」しているとも言える。

　こうした状況で医療分野が抱えている課題は、やはり前述のように、高い専門性を持つ医師・医療従事者の養成、また一般の医師・医療従事者の自閉スペクトラムへの対応力向上である。

　現在、児童青年期の診療に携わる専門性の高い医師の養成のためには、「子どものこころ専門医」制度がある。この制度では関係する医学系の学会が協力して 2015 年より暫定専門医の認定が開始され、2022 年より専門医養成プログラムの運用が開始されている。2024 年 7 月現在で全国に 805 名の暫定専門医がおり、うち 313 名が指導医となっている。しかし、子どものこころ専門医がまだ 2、3 名しかいない県もある。また研修のためのプログラムが存在しない県もあり、地理的分布には大きな偏りがある。またこの資格の取得には、最短で医師免許取得後 8 年を要し、医師にとってその負担は大きい。

　また、いわゆるかかりつけ医の発達障害に対する対応力の向上のため、厚生労働省は「かかりつけ医等発達障害対応力向上研修」を施策化し、推進している。この研修の実施の主体は都道府県、政令市である。2017 年に作成されたこの研修のための標準テキスト（Kamio, n.d.）は公開されているが、この研修は地域によって実施方法が大きく異なっている。また、そもそも日本におけるかかりつけ医の定義や役割は曖昧であり、どのような医師層がどのような研修をうけ、どのような支援が行えるのかが明確であるとは言い難い状況である。また、長野県（長野県，2020）のように独自の医師養成事業に取り組んでいる自治体もある。

　この他の医療領域の課題としては、成人期の自閉スペクトラム症診療の専門性を示す資格等が整備されていないこと、専門性を持つ言語聴覚士、作業療法士などのコメディカルの不足、診療報酬配分が必ずしも自閉スペクトラム症診療の普及、拡大に対して最適化されていないことなどが挙げられる。

　更に、他の領域と同様に医師の働き方改革が医療分野の重大な懸案事項となっている。従来より他領域に比べ、医師の働き方は著しく労働基準法の範囲を逸脱しており、現行法などに整合的な働き方を目指すためには、労働時間の極端な削減を必要としている。こうした状況の中で充分な診療資源を確保することは短期的には困難であることが予想される。

　ここで、医師である筆者から、読者諸賢にお願いしたい事項をいくつか挙げる。

　まず、専門性の高い医療資源は地域の共有財産であることを意識していただきたい。経済学には「共有地の悲劇」という言葉もあるが、数少ない医療資源に過剰な負荷がかかりすぎるとその疲弊を招き、資源の枯渇に繋がりかねない。専門性の高い医師はその養成にあまりにも大きなコストがかかるために、その供給量を短期的に増加させることは困難である。このため、他領域の支援者には転医と終診への積極的な協力をお願いしたい。1 人でも多く、少しでも早く初診を行うことを地域の共通する目標とすべきであり、そのためにも「念のため」専門医への通院継続を勧めることは、できれば避けていただきたい。またそれぞれの地域の状況にあった「かかりつけ医」の自閉スペクトラム症診療での役割を探っていくことに協力していただければと思う。

　また医療と密接に関連する保健分野の課題としては、診断時期の早期化が挙げられる。近年の研究の進展により、自閉スペクトラム症は乳児期に顕れる行動にすでに特徴があり、その診断は 1 歳代、2 歳代の早期から可能であることがわかってきている（Ozonoff et al., 2015）。また 9 ～ 15 カ月といった超早期の介入によって、3 歳時点の自閉スペクトラム症診断が減少するといった研究（Whitehouse et al., 2021）もあり、早期診断へのニーズは増している。私見ではあるが、自閉スペクトラム症の確定診断が一番容易なのはおそらく 2 歳～ 2 歳 6 カ月頃であり、その時期を過ぎると獲得されたスキルや学習によって、生来の自閉スペクトラムの特徴が覆われてくる――つまりはカモフラージュが始まるので、診断はより困難になってくる。

　こうした状況の中で、それぞれの地域の保健機関では、出生する子どものうち、どの時期に、どの程度の割合の子どもをスクリーニング陽性と判定すべきかという課題に直面している。多くの地域ですでに、厳密な研究に基づき学術的に報告される有病率よりも、ス

クリーニング陽性者、有診断者の数は多くなっている現状があり、また地域のいわゆる療育資源や医療資源のキャパシティよりも潜在的なスクリーニング陽性者は多くなっている。こうした状況の中で、それぞれの市町村が、自分の地域では一体どのくらいの数の子どもを、自閉スペクトラム症のスクリーニング陽性とするのが、最も子ども達の利益となるのかということを判断するのが難しくなっているのである。

こうした課題に対応するためには、保健領域の中での対応の重要性がより増してくる。乳幼児健診、場合によっては5歳児健診の事後相談、事後グループの中での対応の量的な拡大と、保健分野内での相談の専門性の担保が課題となる。市町村の保健師の役割が拡大し、まだ人事異動もある中でこうした課題に対応することは難しく、保健分野内での相対的な発達障害領域への資源配分を増やすことが必要であるのかもしれない。

Ⅲ．福祉分野の課題

福祉分野にも医療分野と同様に、非常に多くの課題が存在する。なかでも象徴的なのは放課後等デイサービスを巡る、サービス供給量の議論ではないだろうか。福祉分野は他の領域とは異なり、量への対応に一定程度成功した希有な例であるのかもしれない。近年、児童発達支援事業や特に放課後等デイサービスのサービス供給量は劇的に増加しており、ある程度需要を満たすことに成功している。これには株式会社等を含む民間セクターの積極的な活用が功を奏していることは言うまでもない。

しかしこのことが、逆に量への対応に対する、主に行政サイドの警戒心を呼び起こしているのは皮肉な事態であるとも言えよう。このためにサービス供給の総量規制や施設基準等の引き上げやサービス分野の限定などによる間接的な量の増大への抑制が行われはじめている。またメインストリームの子ども・子育て支援施策への移行（例えば放課後等デイサービスから放課後児童クラブ）も強く勧められるようになっている。

しかし、前述のように圧倒的な「量」への対応が求められる中でサービス量の抑制を行うべきなのか、また行うとすればどのように行うべきなのかということが、困難な課題となっている。

また福祉分野全てにおいて量的に充足に近づいているわけではなく、自閉スペクトラム症に対応できる相談支援専門員や、強度行動障害や重複障害への対応など、特別な技術、設備を要する領域の支援機関などは不足しており、サービス報酬の改訂などを通じた福祉分野内での資源配分の調整が必要であろう。

Ⅳ．教育分野の課題

教育分野でも支援の量の問題は大きな課題となっているが、これに対しいち早くメインストリームでの対応を打ち出してきたのが、この分野の特徴である。2007年の特別支援教育開始の段階で、高らかと「特別支援教育は、これまでの特殊教育の対象の障害だけでなく、知的な遅れのない発達障害も含めて、特別な支援を必要とする幼児児童生徒が在籍する全ての学校において実施されるものである」と宣言（文部科学省，2007）し、その後も通常の学校や学級で、通常の教師が対応することを前提とした施策が展開されてきた。

このため、教育が直面している現在の課題は、「メインストリームで本当に自閉スペクトラム症に対応できるのか」ということである。メインストリームの学校、学級で誰が対応するのかということが問われている。そのとき、通級指導教室などを拡充していくのか、一般教員の通常学級の中での対応力を向上させていくのか、といったことが課題となってくる。文部科学省の特別支援教育を担う教師の養成の在り方等に関する検討会が2022年にまとめた報告書（文部科学省，2022）では、全ての教員が採用後10年以内に複数年の特別支援教育の経験をすることなどが提案された。これがすぐに実現するとは思えないが、これは重要な問題提起である。

こうした一般の教員の対応力向上を目指す取り組みは非常に重要であるが、医師の視点から見ると教員のOJTには大きな弱点があるようにも思われる。医師の場合、資格取得後2年間の義務的な初期研修が設定されており、この期間は原則として単独で患者の主治医等になることはなく、多数の診療科をローテートしながら、指導医とともに診療にあたる期間となっている。しかし、教員の場合にはこのような研修に専念する時期はほとんどの地域において設定されていない。このため、関わる可能性のある領域を一通り経験するといった形での研修を行うことはおそらく困難だろう。また仮に研修で特別支援学級を経験するならば、担任として勤務することになるだろう。その場合、多

くの特別支援学級が「初めての」担任で運営されることになり、子どもへの負担が大きくなることも想像される。

　また医師の場合と同様、教員も大きな働き方改革の課題を抱えている。教員の場合、全体で見れば勤務医ほどの極端な長時間労働とはなっていないが、給与体系の問題と教員志願者数の減少などの問題が相まって、働き方改革は喫緊の課題となっている。これに一定の目処が立たない限り、特別支援の領域での大きな進展は見込みづらいようにも、外部から見ていると思わされる。

Ⅴ．各分野に共通する課題

　ここまで、各分野の自閉症スペクトラム支援に関する実践課題について見てきたが、やはり量への対応が大きな課題となっていることは、全ての領域に共通している。そうした中で、これまでに採用されてきた対応戦略は、分野によって異なっているようにも見えるが、量への対応は必然的に人材育成の課題ともなってくる。

　筆者が、特別支援教育の専門家巡回チームに参加して、地域の小中学校を訪問していた際にしばしば見かけたのは、「〇年 2 組では、自閉スペクトラム症の児童がうまくクラスで過ごしているけれど、〇年 4 組ではとても苦しそう」といった光景であった。医師の立場から見ると学年団の中でのスキル伝達が行われているのかどうか、疑問に思うような状況にしばしば出会うこととなった。この背景には特別支援教育コーディネーターがほとんどの学校で専従ではないといった事情もあるようにも思われたが、少し気になる光景であった。

　また福祉領域でも時に耳にするのは、保育所等訪問支援で訪れた専門家が、マンツーマンで子どもとだけ関わってそのまま帰っていったというようなエピソードである。「保育所等訪問支援では、スタッフへの支援が何よりも大切」（全国児童発達支援協議会，2017）とされ、「訪問先施設のこどもに対する支援力を向上する」（こども家庭庁，2024）ことも目標とした保育所等訪問支援としては物足りない在り方である。

　このように見ていくと、各分野に共通する課題は、現存する専門性の高い人材に、いかに「教える」「伝える」役割を担ってもらうのかということになるのではないだろうか。医療領域ではよく均霑化（きんてんか）という用語

が用いられるが、これは医療サービスなどの地域格差をなくし、全国どこでも等しく医療を受けられるようにすることを意味している。こうした均霑化の課題は医療に限らず各分野に共通しており、地域間での均霑化、更には支援機関や支援者の間での均霑化も大きな課題であるだろう。

　こうした目的のためには、各領域での、比較的短期間の研修で活用できるマニュアルの作成やパッケージ化された教材の作成が必要となるだろう。各分野の特性によりその求める程度は異なるが、できればそれぞれの分野に見合った妥当性の高い目標設定と学術的な実証的根拠のあるものが望まれる。また量への対応のためには、ICT 機器などを利用した当事者の自律的な活動の促進や、AI やロボットの活用などは、今後ますます重要となるだろう。

　それぞれの支援者に目を向けると、下記のようなことを自らに問い直すことが実践課題となるのではないだろうか。

- 自分は目の前の子どもに責任を持つのか、地域に責任を持つのか。
- 自分は支援に関わるのか、支援者養成に関わるのか。
- 自分は現場に留まっていてもよいのか、気が進まなくとも管理職になる責任を果たすべきなのか。

　それぞれの支援者の持っている知識やスキル、ライフスタイル、地域の中で置かれた立場などから、いかに妥当な役割を見出し、そこに近づいていくことが課題になるだろう。

　本稿のテーマを逸脱するが、研究者にもこの支援者の実践課題の達成を支える役割があるだろう。それは最近よく用いられるようになった社会実装の概念の実現であり、「問題解決のために必要な機能を具現化するため、人文学・社会科学・自然科学の知見を含む構成要素を、空間的・機能的・時間的に最適配置・接続することによりシステムを実体化する操作」（茅・奥和田，2015）と定義される。研究成果を社会実装に繋げるところまでを、研究の役割であると考えるべきであろう。

　付記：本論文は、2022 年 8 月 21 日、日本自閉症スペクトラム学会第 20 回記念研究大会における教育講演を再録したものである。

〈文　献〉

神尾陽子他（2018）かかりつけ医等発達障害対応力向上研修テキスト. https://www.ncnp.go.jp/nimh/dd_taioryokukojo_H29.html（2024年7月8日閲覧）.

茅　明子・奥和田久美（2015）研究成果の類型化による「社会実装」の道筋の検討. 社会技術研究論文集, 12(0), 12-22.

こども家庭庁（2024）保育所等訪問支援ガイドライン. https://www.pref.iwate.jp/kurashikankyou/fukushi/shougai/jigyousha/1003981/1075924.html（2024年7月8日閲覧）.

Kraemer, H. C.（2015）Research domain criteria（RDoC）and the DSM-Two Methodological Approaches to Mental Health Diagnosis. JAMA Psychiatry（Chicago, Ill.）, 72(12), 1163-1164. https://doi.org/10.1001/jamapsychiatry.2015.2134

文部科学省（2007）特別支援教育の推進について. https://www.mext.go.jp/b_menu/hakusho/nc/07050101/001.pdf（2024年7月8日閲覧）.

文部科学省（2022）特別支援教育を担う教師の養成の在り方等に関する検討会議報告. https://www.mext.go.jp/b_menu/shingi/chousa/shotou/173/mext_00031.html（2024年7月8日閲覧）.

長野県（2020）長野県発達障がい診療人材育成事業. https://www.pref.nagano.lg.jp/hoken-shippei/kokoro/hattatsu_zinzaiikusei.html（2024年7月8日閲覧）.

Ozonoff, S., Young, G. S., Landa, R. J. et al.（2015）Diagnostic stability in young children at risk for autism spectrum disorder: a baby siblings research consortium study. Journal of Child Psychology and Psychiatry, 56(9), 988-998. https://doi.org/10.1111/jcpp.12421

Sasayama, D., Kuge, R., Toibana, Y. et al.（2021）Trends in autism spectrum disorder diagnoses in Japan, 2009 to 2019. JAMA Network Open, 4(5), e219234. https://doi.org/10.1001/jamanetworkopen.2021.9234

Takei, R., Matsuo, J., Takahashi, H. et al.（2014）Verification of the utility of the social responsiveness scale for adults in non-clinical and clinical adult populations in Japan. BMC Psychiatry, 14(1), 302. https://doi.org/10.1186/s12888-014-0302-z

Tsuchiya, K. J., Kamio, Y., Inada, N. et al.（2013）Quantitative autistic traits ascertained in a national survey of 22 529 Japanese schoolchildren. Acta Psychiatrica Scandinavica, 128(1), 45-53. https://doi.org/10.1111/acps.12034

Whitehouse, A. J. O., Varcin, K. J., Pillar, S. et al.（2021）Effect of preemptive intervention on developmental outcomes among infants showing early signs of autism. JAMA Pediatrics, 175(11), e213298. https://doi.org/10.1001/jamapediatrics.2021.3298

全国児童発達支援協議会（2017）保育所等訪問支援の効果的な実施を図るための手引書. https://www.cfa.go.jp/assets/contents/node/basic_page/field_ref_resources/32675809-3f98-486b-9c03-efc695ede0bb/b0001bf4/20231013-policies-shougaijishien-shisaku-0000166361.pdf（2024年7月8日閲覧）.

The Japanese Journal of Autistic Spectrum 2024, Vol.21-2, 11-18

資料

自閉症特性と写真撮影障害効果の関係

Relationship between autistic traits and the photo-taking-impairment effect

三橋　翔太（埼玉大学学術院教育学部）[注1]

Shota Mitsuhashi（*Faculty of Education, Saitama University*）

加藤　龍明（川崎市立南加瀬小学校）

Ryumei Kato（*Minamikase Elementary School*）

紙塚　夏毅（小美玉市立羽鳥小学校）

Natsuki Kamitsuka（*Hatori Elementary School*）

鴨川　拓未（茨城県立大子特別支援学校）

Takumi Kamogawa（*Daigo Special Education School*）

矢部　みなみ（茨城県立内原特別支援学校）[注2]

Minami Yabe（*Uchihara Special Education School*）

■要旨：本研究では、自閉症特性とエピソード記憶における写真撮影障害効果の関係を検討した。写真撮影障害効果とは、撮影した対象の記憶が、撮影していないものの記憶よりも忘却されやすい現象を指す。定型発達成人79名に対して、リスト法を用いた記憶課題を実施するとともに、自閉症特性を評価する質問紙であるAQ（Autism-Spectrum Quotient）を実施した。記憶課題は、撮影ありブロックと撮影なしブロックから構成され、各ブロックにおいて参加者は、それぞれ8つの単語から成るリストを記憶するように求められた。測定の結果、撮影したリストの単語を正しく再生できた個数（正反応数）が、撮影していないリストの単語の正反応数より有意に減少しており、本研究において写真撮影障害効果が再現された。また撮影したリストの正反応数とAQの下位尺度であるコミュニケーションとの間に、有意な正の相関が認められた。一方で、撮影していないリストの正反応数とAQの間には有意な相関関係が見られなかった。これより写真撮影障害効果の程度が、コミュニケーション能力の高低により異なることが示された。

■キーワード：自閉スペクトラム症、自閉症スペクトラム指数、エピソード記憶、リスト法、写真撮影障害効果

Ⅰ．問題と目的

　自閉スペクトラム症（autism spectrum disorder：以下、ASD）児・者は、社会コミュニケーション障害や限定された反復的な行動様式といった主症状の他にも、種々の認知機能の発達に非定型さを示すことがよく知られている（Frith, 2003/2009）。ASDの記憶の特徴については盛んに検討が行われており（例えば、Boucher & Bowler（2011））、ASD児・者が長期

記憶、特に時間的、空間的に定位することができる経験の記憶であるエピソード記憶の中でも、自己と関連した内容や複雑な刺激の記憶に障害を示すことや、再生様式によって障害の程度が変化することが報告さ

注1）投稿時の所属は茨城キリスト教大学文学部児童教育学科（Department of Elementary Education, Ibaraki Christian University）。
注2）投稿時の所属は茨城大学特別支援教育特別専攻科（Advanced Course for Special Support Education, Ibaraki University）。

れている（レビューとして、Desaunay et al.（2020）、Griffin et al.（2022）、山本・増本（2016））。例えば、定型発達児・者とは異なり、自己と関連づけることによって再生成績が向上する効果が見られないことや、文字よりも文章や物語などの複雑な内容の記憶に困難を示すこと，再認よりも自由再生を求めた場合に、記憶課題の成績が低下することなどが報告されている。

　近年、認知心理学の領域では、デジタルデバイスが記憶に与える影響について注目されている（伊藤他，2022）。当然エピソード記憶に対するデジタルデバイスの影響についても検討が行われており、例えば、Henkel（2014）は、写真撮影が成人のエピソード記憶に与える影響を検討している。彼女は、美術館のツアーを実施し、参加者に対して美術館にある展示品に関して後日質問をすると教示した上で、30 の展示品の内、15 の展示品を観察し、残りの15 の展示品を観察した上で撮影するよう求めた。その結果、撮影した展示品の再認率が、撮影しなかった展示品の再認率よりも有意に低下したと報告されている。また小林・大竹（2017）は、成人を対象として、単語のリストを材料とした場合においても、撮影したリストの再生成績が、撮影していないリストより有意に低下したと報告している。写真撮影により撮影対象を忘却してしまう現象は、写真撮影障害効果（photo-taking-impairment effect）（Henkel, 2014）と呼ばれている。しかしながら、写真撮影障害効果をはじめとした、エピソード記憶に対するデジタルデバイスの影響については、主に定型発達成人を対象とした研究が中心であり、ASD 児・者を対象とした研究は見当たらない。

　写真撮影障害効果の発生機序については、いくつかの説が提示されているが、主要な説の1 つとして、記憶方略などの撮影対象の記憶に対する内的な努力の放棄から、写真撮影障害効果の発生を説明するものがある（Henkel, 2014）。すなわち、記憶すべき対象を撮影した場合、撮影者は、「撮影した情報は画像として保存されることから、覚える必要はない」と認識することにより、記憶方略の使用などの記憶に対する内的な努力を放棄すると説明される。したがって、この効果の発生には、写真と記憶の関係や写真の活用方法など、写真に関する概念が十分に形成されていることが、前提にあると考えられる。

　現代社会において、写真の役割は、記録を機械的に残すことだけではない。ソーシャル・ネットワーキング・サービス（social networking service：以下、SNS）やスマートフォンの登場により、多くの場合、写真は SNS に投稿するためにスマートフォンで撮影されるようになった（大平，2021）。その結果、写真は他者と経験を共有し、共感するためのコミュニケーションツールとして、社会的文脈で使用されるものと認識されるようになった（大平，2021）。ASD 児・者は、社会的な関係を維持しようとする傾向が弱いなど、社会的動機づけが低く、社会的な学習の機会が少ないことが知られている（Chevallier et al., 2012）。またこうした問題が、ASD の社会的な認知の障害にも関連していると考えられている（Chevallier et al., 2012）。社会的コミュニケーション能力の低い ASD 児・者は、定型発達児・者と比較して、社会的文脈の中で写真を使用する機会が少ないために、写真に関する概念が十分に形成されていない可能性がある。また ASD 児・者には、想像力の弱さもあることから（Crespi et al., 2016）、課題遂行中に「撮影した情報は、画像として保存されることから、覚える必要はない」という予測も得られない可能性がある。以上のことから、ASD 児・者においては、撮影対象の記憶への内的努力が放棄されづらく、写真撮影障害効果が生じづらいと推測した。

　ところで、自閉スペクトラム概念において、社会コミュニケーションの障害や限定された反復的な行動様式をはじめとした ASD 児・者に認められる特性（自閉症特性）には、生物学的な個人間差が認められ、定型発達児・者と ASD 児・者の間で連続的であり、量的性質を持つと想定されている（若林他，2004）。こうした概念を実証するために開発された、自閉症特性を量的に評価する尺度が、自閉症スペクトラム指数（Autism-Spectrum Quotient：AQ）である（若林他，2004）。AQ と記憶の関係性を検討した研究によれば、AQ の高い、すなわち自閉症特性の強い定型発達成人が、ASD 者と類似した傾向を示すこと報告されている（三橋他，2022；土田・室橋，2009）。このように AQ と記憶の関係を明らかにすることは、ASD 児・者の理解に留まらず、自閉スペクトラム概念と記憶の関係の解明にも繋がると考えられる。

　以上の背景を踏まえ、本研究では、定型発達成人における自閉症特性とエピソード記憶への写真撮影障害効果の関係について検討することを目的とする。具体的には、写真撮影障害効果について検討した小林・大竹（2017）に倣ったリスト法の記憶課題を実施する。この課題は、撮影なしブロックと撮影ありブロックから構成されており、リストを記憶した後、前者ではリストを撮影せずに、後者ではリストを撮影するように

求めるものである。そのため、各ブロックの再生成績を比較することで、写真撮影障害効果の検討が可能とされている。これに加え、AQ を実施し、その結果と記憶課題の成績の関係を分析することから、自閉症特性と写真撮影障害効果の関係を検討する。また本研究では、記憶課題終了後に、撮影したリストを意図的に忘れようとした、あるいは覚えるのをやめようとしたか参加者に尋ねることで、写真撮影障害効果が記憶のための内的な努力の放棄によって生じたかどうかについても併せて検討する。

- 仮説 1　撮影ありブロックの撮影した単語リストの再生成績が、撮影なしブロックのものより有意に低下するという写真撮影障害効果が生じる。
- 仮説 2　写真撮影障害効果の程度が、自閉症特性の強弱により異なる。

Ⅱ．方　法

1．参加者

　実験参加者は、健康な成人 79 名（平均年齢：21.1 ±0.8 歳）であり、うち男性が 23 名、女性が 56 名であった。実験にあたり、参加者に対して、紙面および口頭にて実験の目的、プライバシー・人権の保護、実験開始後の辞退による不利益が発生しないこと、データの管理方法、データの公表の際には統計処理を行い、個人情報が一切漏れないことなどについて必要な説明を行い、参加同意を紙面にて得た。なお、実験の途中で辞退を申し出た参加者はいなかった。本研究は、茨城キリスト教大学倫理審査委員会の承認を得て実施した（課題番号：2022-012）。

2．自閉症特性質問紙

　全ての参加者に対して、成人用 AQ　日本語版　自閉症スペクトラム指数（Autism-Spectrum Quotient：AQ）（若林，2016）を実施した。AQ は ASD を特徴づける 5 つの領域（社会的スキル、注意の切り替え、細部への注意、コミュニケーション、想像力）の各下位尺度 10 問ずつ、全 50 項目から構成されている。また、回答形式は「非常に当てはまる」「ほとんど当てはまる」「ほんの少し当てはまる」「まったく当てはまらない」の 4 件法である。

表 1　各単語リストの内容

単語リスト1	単語リスト2	単語リスト3	単語リスト4
ひこうき	くるま	じてんしゃ	タクシー
ふね	バイク	バス	でんしゃ
ぶどう	いちご	バナナ	みかん
もも	なし	りんご	メロン
トマト	レタス	にんじん	キャベツ
たまねぎ	じゃがいも	ナス	ピーマン
たな	ベット	つくえ	テレビ
テーブル	タンス	ソファー	いす

3．記憶課題

（1）刺激

　本研究では、松井・中坪（2007）より、果物、野菜、乗り物、家具のカテゴリーの語を各 8 語ずつ、合計 32 語を刺激として用いた。写真撮影が単語のリストの記憶に及ぼす影響を検討した小林・大竹（2017）に倣い、刺激とした 32 語を、各 8 語から構成される 4 つの単語リストに分割した。各単語リストに含まれる語には、上述の 4 つのカテゴリーの中からそれぞれ 2 語ずつが割り当てられ、全ての語がひらがなまたはカタカナで示された。表 1 は、各単語リストに含まれている語を示している。なお各単語リストに含まれる単語の総モーラ数が 24 になるよう統制された。

（2）手続き

　小林・大竹（2017）に倣い、冊子と鉛筆を用いたリスト法の記憶課題を集団実施した。本課題は 2 つのブロックから構成された。すなわち、撮影なしブロックと撮影ありブロックである。撮影なしブロックにおいて、参加者は椅子に着座した後、机上に設置された冊子の見開き 1 頁目に印刷された 1 つ目のリストが提示され、40 秒間でリストに記載された単語を全て記憶（学習）するように求められた。次に参加者は冊子をめくるように求められ、続く見開き 2 頁目に印刷された 2 つ目のリストの単語を 40 秒間で学習するように求められた。なお学習の際、参加者は、単語を書くことや構音することは禁止された。続いて参加者は冊子をめくり、妨害課題として、冊子に記載されている 100 から 3 ずつ減算していく計算問題に 30 秒間回答し続けるように求められた。なお回答は冊子に書き込むように求められた。計算問題を 30 秒間回答した後、参加者は 60 秒間でリスト 1 に記載された単語を全て白紙に書き出すように求められ（リスト 1 自由再生）、続いて、リスト 2 についても同様に、60 秒間で全ての単語を書き出すように求められた（リスト 2 自由再

生）。撮影ありブロックでは、リスト1の40秒間の学習の終了後、参加者のスマートフォンでリスト1を写真撮影するよう求めた。それ以外の手続きは撮影なしブロックと同様であった。なお撮影したブロックは実験終了後まで見ることができず、このことは参加者には伝えられなかった。各ブロックの2つには、同じリストを二度学習することがないように、参加者ごとに用意された4つのリストの中からランダムに割り当てられた。また各ブロックの実施順序はカウンターバランスを取って実施した。

(3) 撮影したリストの記憶方略に関する質問

撮影したリストの記憶に対して内的な努力がなされたかどうか検討するために、記憶課題が終了した後、以下のような記憶方略に関する質問を紙面にて行った。すなわち、参加者は「写真撮影した単語をどのくらい忘れようとしましたか？　あるいは撮影してからどのくらい覚えるのをやめようと思いましたか？」という質問に対して「とても忘れよう／覚えるのをやめようとした」、「忘れよう／覚えるのをやめようとした」、「忘れよう／覚えるのをやめようとしなかった」、「まったく忘れよう／覚えるのをやめようとしなかった」の4件法で回答するように求めた。

4．分析方法

AQについては、マニュアルにしたがい、各項目で自閉症特性とされる2項目（「非常に当てはまる」「ほとんどあてはまる」、逆転項目の場合は「ほんの少し当てはまる」「まったく当てはまらない」）に回答した場合に1点が与えられた。各下位尺度で取りうる得点の範囲は0～10点であり、AQ総合得点の取りうる得点の範囲は0～50点である。得点が高いほど自閉症特性が強い、すなわち、各下位尺度で測定される能力に困難が生じていると解釈した。

記憶課題に関しては、各ブロックのリスト1自由再生における正反応数と、リスト2自由再生における正反応数をそれぞれ算出し、再生成績として分析に用いた。各ブロックにおけるリストごとの正反応の取りうる値は、0～8点である。また撮影したリストの記憶方略に関する質問については、カテゴリカルデータとして扱い、分析に用いた。

Ⅲ．結　果

1．AQ

全参加者のAQ総合得点の範囲は3～35点であり、平均得点は18.2±6.1であった。カットオフ値である33点を超えている者は1名認められたが、本研究は自閉症特性の相対的な差異による影響を検討するものであることから、以下の分析においても、この参加者を対象とした。なお本研究の対象者のAQの平均値は、日本語版標準化データ（若林，2016）のものよりも有意に低かったが（$t(78) = 3.37$, $p < .01$）、その分散について有意差は見られなかった（$F(78, 1049) = 0.91$, $n.s.$）。

2．記憶課題

表2は、各ブロックにおけるリストごとの正反応数の平均値と標準偏差を示している。正反応数に関してブロック（撮影なしブロック・撮影ありブロック）およびリスト（リスト1・リスト2）を要因とした2要因分散分析を実施した。その結果、ブロックの主効果は有意ではなかったものの（$F(1, 78) = 2.61$, $n.s.$；partial $\eta^2 = 0.03$）、リストの主効果は有意であった（$F(1, 78) = 25.13$, $p < .001$；partial $\eta^2 = 0.24$）。またブロックとリストの間に有意な交互作用が見られた（$F(1, 78) = 6.40$, $p < .05$；partial $\eta^2 = 0.08$）。各ブロックにおけるリストの効果に関して、単純主効果検定を実施したところ、撮影ありブロックにおけるリストの効果は有意でなかったものの、撮影なしブロックにおけるリストの効果は有意だった（撮影なしブロック：$F(1, 78) = 26.67$, $p < .001$；partial $\eta^2 = 0.26$、撮影ありブロック：$F(1, 78) = 3.32$, $n.s.$；partial $\eta^2 = 0.04$）。次に各リストにおけるブロックの効果について、単純主効果検定を行ったところ、リスト1においてのみブロックの効果が有意であったが、リスト2におけるブロックの効果は有意ではなかった（リスト1：$F(1, 78) = 8.67$, $p < .01$；partial $\eta^2 = 0.10$；リスト2：$F(1, 78) = 0.37$, $n.s.$；partial $\eta^2 = 0.01$）。

次に撮影したリストの記憶方略に関する質問の分析の結果、「とても忘れよう／覚えるのをやめようとした」と回答した者は3名、「忘れよう／覚えるのをやめようとした」と回答した者は10名、「忘れよう／覚えるのをやめようとしなかった」と回答した者は38名、「まったく忘れよう／覚えるのをやめようとしなかった」と回答した者は28名であった。

3．AQ と写真撮影障害効果の関係

写真撮影障害効果と AQ の関係について検討するために、記憶課題の各ブロックにおけるリスト1の正反応数と AQ の総合得点および各下位尺度に関して、Pearson の積率相関係数を算出した。表3は、その結果を示している。なお写真撮影障害効果は、撮影ありブロックのリスト1の学習時に生じる現象であることから、各ブロックのリスト2の得点は分析対象としなかった。撮影ありブロックのリスト1と AQ コミュニケーションとの間に有意な正の相関関係が確認されたものの、AQ の総合得点および他の下位尺度とは有意な相関関係が見られなかった。また図1は撮影ありブロックのリスト1とコミュニケーションに関する散布図を示している。散布図に注目すると、コミュニケーションの値の高い者の多くが、撮影ありブロックのリスト1において高い得点を示していることがわかる。

より直接的に写真撮影障害効果と AQ のコミュニケーションの関係を検討するために、以下の分析を行った。先述の通り、写真撮影障害効果はリスト1の学習時の生じる効果であること、およびリスト2について、ブロック間で有意な差異が見られなかったことから、リスト2の影響を排するために、2つのブロックのリスト2の正反応数の平均値を、各ブロックのリスト1の正反応数からそれぞれ減じた値を算出した。この手続きによって得られた値について、ブロックを要因、AQ のコミュニケーションの値を共変量とした共分散分析の平行性の検定を実施した。その結果、ブロックと AQ のコミュニケーションの値の交互作用は有意ではなく（*n.s.*）、回帰の平行性が担保された。これより、リスト1と AQ のコミュニケーションの値の関係が、ブロック間で異ならないことが示された。

表2　各ブロックにおけるリストごとの正反応数の平均値（M）と標準偏差（SD）

	撮影なしブロック		撮影ありブロック	
	M	*SD*	*M*	*SD*
リスト1	5.9	1.7	5.1	1.9
リスト2	4.5	2.2	4.7	2.0

表3　記憶課題の各ブロックにおけるリスト1の正反応数と AQ の総合得点および各下位尺度に関する Pearson の積率相関係数

	リスト1	
	撮影なしブロック	撮影ありブロック
社会的スキル	.05	.05
注意の切り替え	− .02	− .08
細部への注意	.01	− .12
コミュニケーション	.05	.24 *
想像力	− .02	− .08
総合得点	.03	.14

* *p* < .05；** *p* < .01

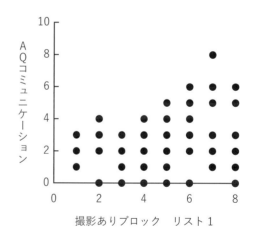

図1　撮影ありブロックのリスト1とコミュニケーションに関する散布図

Ⅳ．考　察

本研究の目的は、リスト法による記憶課題とともに AQ を実施することから、自閉症特性と写真撮影障害効果の関係について検討することであった。実験の結果、記憶課題に関して、撮影なしブロックにおいては、リスト1における正反応数がリスト2より有意に大きかった一方で、撮影ありブロックに関しては、リスト間の正反応数に有意な差が見られなかった。また撮影ありブロックのリスト1の正反応数が、撮影なしブロックのリスト1のものより有意に減少していた。これらの結果は、小林・大竹（2017）の結果と一致しており、仮説1の通り、本研究においても、撮影した対象が覚えづらくなるという写真撮影障害効果が再現された。なおリスト2について、ブロック間の正反応の差異は見られなかったが、これはどちらのブロックにおいても撮影がなされていないため、ブロック間での記憶のプロセスに差異が生じていないことを示していると考えられる。

しかしながら、写真撮影障害効果が確認されたこと

に反して、撮影したリストの記憶方略に関する質問の結果、「とても忘れよう／覚えるのをやめようとした」または「忘れよう／覚えるのをやめようとした」と回答した対象者数は 13 名（16.5％）と少なかった。この結果は、写真撮影障害効果が、必ずしも意図的な記憶に対する努力の放棄により生じるものではないということを示している。写真撮影障害効果は、撮影により記憶の負荷を減らす現象だと捉えられることから、外的な手掛かりによって認知負荷を減らす種々の行為である cognitive offloading の代表例の 1 つとされている（Risco & Gilbert, 2016）。cognitive offloading が、意識的に行われるかどうかについてはさまざまな知見が混在しており、意識的に行われるケースもあれば、無意識的に行われるケースも報告されている（Risco & Gilbert, 2016）。よって本研究の結果は、覚えるべき対象を撮影することは、記憶方略などの撮影者が意識せずに行っている記憶に対する努力を放棄させる可能性を示唆している。ただし、本研究では、全ての対象者が無意識的に記憶に対する努力を放棄したわけではないことから、この点については個人差があると考えられる。cognitive offloading と意識の関係については、未検討な点も多いことから、今後は、意図的に実施した者とそうではない者の差異を検討することにより、この点について明らかにしていくことが期待される。

続いて、AQ と各ブロックのリスト 1 の正反応数の関係に注目すると、AQ の総合得点との間には有意な関係が見出されず、ブロックと AQ のコミュニケーションの値の交互作用も有意ではなかったが、撮影ありブロックのリスト 1 と AQ のコミュニケーションの間に小さいながらも有意な正の相関係数が確認された。また AQ の各項目と撮影なしブロックのリスト 1 との正反応数との間には有意な相関関係が見られなかった。これより、コミュニケーションと撮影ありブロックのリスト 1 の間に見られた有意な関係は、コミュニケーションの値の高い者がエピソード記憶全般に困難があることに由来するものではない。したがって、解釈に一定程度の留保は必要なものの、コミュニケーション能力の強弱によって写真撮影障害効果の程度に差異があることが明らかとなった。AQ のコミュニケーションの値と写真撮影ブロックのリスト 1 の正反応数に関する散布図に着目すると、コミュニケーションの値の高い者は、撮影ありブロックのリスト 1 の正反応数が多いことがわかる。つまり、コミュニケーションに困難を有する者ほど、写真撮影障害効果

が生じづらかったと言える。

写真撮影障害効果が無意識的に生じ、AQ の想像力とは有意な相関関係が見られなかったことから、本研究の結果は、想像力の問題に起因するものではない。先に触れた通り、ASD 者では、SNS などにおける社会的文脈での写真の使用経験が少ない可能性がある。この点については、ASD と診断をされていないコミュニケーションに困難を有する者も同様だろう。こうした者に見られる、社会的文脈での写真の使用経験の乏しさは、写真に関する概念形成の未熟さに繋がり、撮影対象の記憶に影響を及ぼしたのではないだろうか。すなわち、コミュニケーションに困難を有する者は、写真概念が未熟であるため、コミュニケーション能力の高い者と比較して、撮影対象を記憶するための努力を、無意識のうちに放棄する傾向が弱かった。その結果として、写真撮影障害効果が生じづらかった可能性がある。この仮説は、AQ の高い者が SNS を利用しない傾向にあるという報告や（Suzuki et al., 2021）、ASD 児の写真の捉え方が、定型発達児と異なるという報告（Riby & Hancock, 2008）からも、部分的であるが支持される。しかしながら、本研究は、SNS の使用頻度や写真に関する概念と、写真撮影障害効果の関係を直接検討したものではないため、この仮説は、あくまで推測の域を出ない。したがって、今後は、Instagram などの写真を中心とした SNS の利用頻度が写真に関する概念の形成に与える影響や、AQ と写真に関する概念、写真撮影障害効果の関係について、直接的に検討する必要がある。

また cognitive offloading は、記憶による認知的負荷を低減させようとする方略であることから、その活用には自身の認知過程を客観的に認知するメタ認知が関連することが知られている（Risco & Gilbert, 2016）。写真撮影障害効果は、cognitive offloading の 1 つであることから、メタ認知が関与していると予測される。ASD 児・者はメタ認知に障害を示すため（Williams & Lind, 2014）、こうした観点からも写真撮影障害効果が生じづらかった可能性があり、今後はメタ認知との関連性も検討しなければならない。

加えて、本研究の結果は、ASD 者の身体化された認知の問題（Eigsti, 2013）とも関連している可能性がある。身体化された認知とは、運動や身体感覚などの身体経験と関連した認知処理のことを指す（Fincher-Kiefer, 2019/2021）。記憶の際、覚えるべき内容だけでなく、身体経験もともに符号化されることが知られている（Fincher-Kiefer, 2019/2021）。その

ため、符号化時と再生時の行為が一致した場合、身体経験が再生の手掛かりとなり、記憶が促進される（Engelkamp et al., 1994）。撮影ありブロックでは、符号化時にのみ写真撮影を行うことから、符号化時と再生時の行為が一致しないが、撮影なしブロックでは一致していた。そのため、撮影なしブロックでは身体経験を手掛かりとして活用できるが、撮影ありブロックでは活用できず、この差が写真撮影障害効果を生んだ可能性がある。しかしながら、ASD 者では、覚えるべき内容と身体経験の結び付きが弱く（Eigsti, 2013）、どちらのブロックでも身体経験を活用できないために、写真撮影障害効果が生じづらかった可能性がある。したがって、ASD 者の写真撮影障害効果と身体化された認知との関連性についても今後検討する必要がある。

V. 本研究の限界と今後の展望

本研究では、仮説 2 における AQ の総合得点と記憶課題との間の有意な関係は見出されなかった。また共分散分析の平行性の検定の結果、ブロックと AQ の交互作用は有意ではなかったことから、相関分析によって示された写真撮影障害効果と AQ のコミュニケーションの値の関係についても、非常に弱いものだと言える。本研究の対象者の AQ は、標準化データと比較して分散に有意な差は見られなかったことから、散布度については十分であったと言える。しかしながら、平均値は有意に低く、かつ定型発達成人を対象とした検討であったことから、対象者の中に AQ の値が極端に高い者がほとんど含まれていない。また自閉症特性や記憶方略については、自己評定に基づいて評価しており、メタ認知能力の低い可能性のある ASD 傾向の高い者の回答の正確性が必ずしも高いとは言い切れない（前田・佐藤，2018）。このように、得られたデータの特性や測定法上の問題によって、写真撮影障害効果と AQ の総合得点の関係、およびブロックと AQ のコミュニケーションの有意な交互作用が確認できなかった可能性がある。したがって、今後は、臨床診断を受けた者も対象に含めた検討を行うとともに、行動指標や生理指標など客観的なコミュニケーションの評価方法を用いた検討が望まれる。またコミュニケーションに特異的な障害を抱えている児・者と ASD 児・者の写真撮影障害効果を比較することから、写真撮影障害効果の発生に、コミュニケーションが独立して関与しているのか、あるいは疾患単位としての ASD が関与しているのか検討していく必要もあるだろう。

付記：本論文は、茨城キリスト教大学文学部・卒業論文「自閉症特性と記憶への写真撮影障害効果の関係」（加藤龍明、紙塚夏毅、鴨川拓未、矢部みなみ／指導教員：三橋翔太）で使用したデータに関して、新たな解析を行ったものである。

謝辞：データの解析にあたり、ご助言頂いた東京学芸大学教育学部の平田正吾先生に感謝申し上げます。

〈文　献〉

Boucher, J. & Bowler, D. (2011) Memory in Autism. Cambridge, UK: Cambridge University Press.

Chevallier, C., Kohls, G., Troiani, V. et al. (2012) The social motivation theory of autism. Trends in Cognitive Sciences, 16(4), 231-239.

Crespi, B., Leach, E., Dinsdale, N. et al. (2016) Imagination in human social cognition, autism, and psychotic-affective conditions. Cognition, 150, 181-199.

Desaunay, P., Briant, A. R., Bowler, D. M. et al. (2020) Memory in autism spectrum disorder: A meta-analysis of experimental studies. Psychological Bulletin, 146(5), 377.

Eigsti, I. M. (2013) A review of embodiment in autism spectrum disorders. Frontiers in Psychology, 4, 224.

Engelkamp, J., Zimmer, H. D., Mohr, G. et al. (1994) Memory of self-performed tasks: Self-performing during recognition. Memory & Cognition, 22, 34-39.

Fincher-Kiefer, R. (2019) How the Body Shapes Knowledge: Empirical Support for Embodied Cognition. American Psychological Association.（望月正哉・井関龍太・川﨑惠里子訳（2021）知識は身体からできている―身体化された認知の心理学．新曜社.）

Frith, U. (2003) Autism: Explaining the Enigma, Second Edition. Oxford.（冨田真紀・清水康夫・鈴木玲子訳（2009）新訂自閉症の謎を解き明かす．東京書籍.）

Griffin, J. W., Bauer, R., & Gavett, B. E. (2022) The episodic memory profile in autism spectrum disorder: A bayesian meta-analysis. Neuropsychology Review, 32(2), 316-351.

Henkel, L. A.（2014）Point-and-shoot memories: The influence of taking photos on memory for a museum tour. Psychological Science, 25(2), 396-402.

伊藤友一・松本　昇・小林正法（2022）エピソード科学―記憶研究の新たな視点. 認知心理学研究, 20(1), 43-56.

小林正法・大竹恵子（2017）写真撮影が導く感情記憶の忘却. 日本認知心理学会発表論文集. 日本認知心理学会第15回大会（p.143）. 日本認知心理学会.

前田由貴子・佐藤　寛（2018）大学生における自閉スペクトラム症傾向，メタ認知，コミュニケーション・スキルの関連. 関西大学心理学研究, 9, 59-66.

松井三枝・中坪太久郎（2007）55カテゴリーにおける単語の出現頻度. 研究紀要：富山大学杉谷キャンパス一般教育, 35, 61-84.

三橋翔太・山子澤太知・奥住秀之（2022）自閉症特性と視空間ワーキングメモリにおける言語ラベリングの関係―刺激の命名難度の影響に注目して. 学校教育学研究論集, 46, 39-48.

大平哲男（2021）スマホとSNSによって変化した写真概念の一考察. 関西ベンチャー学会誌, 13, 13-23.

Riby, D. M. & Hancock, P. J.（2008）Viewing it differently: social scene perception in Williams syndrome and autism. Neuropsychologia, 46(11), 2855-2860.

Risko, E. F. & Gilbert, S. J.（2016）Cognitive offloading. Trends in Cognitive Sciences, 20(9), 676-688.

Suzuki, K., Oi, Y., & Inagaki, M.（2021）The relationships among autism spectrum disorder traits, loneliness, and social networking service use in college students. Journal of Autism and Developmental Disorders, 51, 2047-2056.

土田幸男・室橋春光（2009）自閉症スペクトラム指数とワーキングメモリ容量の関係―定型発達の成人における自閉性障害傾向. 認知心理学研究, 7(1), 67-73.

山本健太・増本康平（2016）自閉症スペクトラム障害者のエピソード記憶. 神戸大学大学院人間発達環境学研究科研究紀要, 9(2), 45-50.

若林明雄（2016）. 成人用AQ　日本語版　自閉症スペクトラム指数. 三京房.

若林明雄・東條吉邦・Baron-Cohen, S. et al.（2004）自閉症スペクトラム指数（AQ）日本語版の標準化―高機能臨床群と健常成人による検討. 心理学研究, 75(1), 78-84.

Williams, D. M. & Lind, S. E.（2014）Metacognition, metamemory, and mindreading in high-functioning adults with autism spectrum disorder. Journal of Abnormal Psychology, 123, 650-659.

Relationship between autistic traits and the photo-taking-impairment effect

Shota Mitsuhashi（Faculty of Education, Saitama University）
Ryumei Kato（Minamikase Elementary School）
Natsuki Kamitsuka（Hatori Elementary School）
Takumi Kamogawa（Daigo Special Education School）
Minami Yabe（Uchihara Special Education School）

Abstract: This study examined the relationship between autistic traits and the photo-taking-impairment effect on episodic memory. The photo-taking-impairment effect refers to the phenomenon where participants recall fewer photographed objects than non-photographed objects. We administered a memory task using the list method and the Autism-Spectrum Quotient（AQ）questionnaire to assess autistic traits in 79 typical adults. The memory task included photographed and non-photographed blocks, with participants asked to memorize a list of eight words in each block. Results showed that participants correctly recalled more words from the photographed list than the non-photographed list, replicating the photo-taking-impairment effect. We found a significant positive correlation between the communication subscale of the AQ and the number of correctly recalled words from the photographed list. This finding indicates that the degree of the photo-taking-impairment effect varies depending on an individual's communication skills.

Key Words: autism spectrum disorder, Autism-Spectrum Quotient, episodic memory, list method, photo-taking-impairment effect

The Japanese Journal of Autistic Spectrum 2024, Vol.21-2, 19-29

実践報告

訪問型職場適応援助者からの援助が雇用現場に及ぼす影響
——自閉スペクトラム症者を雇用する事業所について——

Impact of visiting job coaches' assistance on workplaces employing individuals with autism spectrum disorders

松田　光一郎（花園大学社会福祉学部）

Koichiro Matsuda（*Faculty of Social Welfare, Hanazono University*）

■**要旨**：本研究では、軽度知的障害を伴う自閉スペクトラム症者を雇用する事業主が、障害者雇用で配慮していることについて、関西圏にある事業所の事業主に調査を依頼し基礎的資料を得た。その結果を基に、自閉スペクトラム症者の上司や同僚に面接調査を実施し、訪問型職場適応援助者[注]からの援助により、障害者雇用に対する認知変容がどのようなプロセスを経てもたらされるのか、訪問型職場適応援助者が雇用現場に及ぼす影響について分析した結果、訪問型職場適応援助者からの援助は、上司や同僚の不安を低減させるだけでなく、彼らの自発的な行動を促し、障害者雇用のイメージをポジティブに捉え直すきっかけになっていた。

■**キーワード**：訪問型職場適応援助者、軽度知的障害を伴う自閉スペクトラム症、障害者雇用、修正版グラウンデッド・セオリー・アプローチ

Ⅰ．問題の所在と目的

「令和2年度　障害者雇用状況の集計結果」（厚生労働省，2021）によれば、民間企業の障害者雇用数は57万8,292人、実雇用率は2.15％となり、過去最高を更新した。一方、「障害者の就業状況等に関する調査研究」によると、発達障害者の定着率は3カ月後では84.7％、1年後では71.5％と3割程度が離職している。また、知的障害者の定着率は3カ月後では85.3％、1年後では68.0％とこちらも3割程度が離職している（独立行政法人高齢・障害・求職者雇用支援機構障害者職業総合センター，2017）。

上記のことから、障害者雇用数は増加してきているが、それを支えてきたのは、障害者雇用促進法による雇用率制度である。つまり、日本の障害者雇用政策は、障害者雇用率を徐々に引き上げることで、その対象となる企業規模を拡大しつつ、障害者の雇用促進を図る重要な制度として、発展してきたといえる（永野，2014）。雇用率制度は、その適応の対象となる障害者の範囲を拡大した結果、雇用数が増加し、その職域も広がりを見せているといえる。

一方、重度障害者の雇用において、職場定着は難しい状況にある（福井他，2017）。特に、対人関係やコミュニケーションを苦手とする自閉スペクトラム症者の場合、障害者雇用促進法の適用対象であっても、離職しやすく、その理由として、職業適性や障害特性などの要因が指摘されている（松田，2014）。このことから、事業主には自閉スペクトラム症者の特性を踏まえ、一人ひとりの適性、職業経験などを考慮した支援が必要になると考えられる。

以上のことから、雇用率制度は、これまで、障害者の雇用の「量的」改善に寄与してきたが、雇用の「質的」改善には必ずしも寄与してこなかったといえる（永野，2014）。つまり、この制度は、企業にとって雇用しなければならない障害者の雇用数を義務付けるものであるが、障害者の職場定着を促進させることについては有効ではないと考えられる（福井他，2012）。そのため、当事者の障害特性や雇用現場の実情を踏まえた上で、雇用を促進するための支援のあり方を検討することが課題であるといえる。

こうした課題に対して、これまで障害者の職場定着

注）訪問型職場適応援助者とは、職場適応援助者支援事業において、障害者就労支援を行う社会福祉法人等が雇用しているジョブコーチのことであり、障害者が職場定着できるように職務を改変するための支援に加え、職場の上司や同僚との橋渡しや、事業主側への助言や指導、ナチュラルサポートの形成などを行う者と位置づけられている。職場適応援助者の種類には、「訪問型」の他に、地域障害者職業センターが配置している「配置型」、障害者を雇用する企業が雇用している「企業在籍型」の3つがある。

を目的とした援助付き雇用（supported employment）の導入が行われてきた。援助付き雇用の有用性は、就業上の障害に対して主として人的支援によって補う方法であり、環境を整えることで障害のある人でも働くことを可能にする援助である。その効果については、入職後の職場定着に有効であることが報告されている（独立行政法人高齢・障害・求職者雇用支援機構障害者職業総合センター，2008）。

しかし、福井ら（2012）は、この援助付き雇用について、職場適応援助者（ジョブコーチ）による援助が一般に2～4カ月間であり、永続的な支援ではないことを指摘している。そのため、ナチュラルサポートと呼ばれる、障害者と同じ職場で働いている上司や同僚による支援によって、職場適応援助者からの援助は受け継がれ、状況が改善されていくことを示唆した。

若林・八重田（2016）は、知的障害者の就労支援において、職場適応援助者による上司や同僚への助言や指導には、上司や同僚の障害者雇用に対する意識を変容させ、職場サポートの負担感を減らす効果があることを示唆した。しかし、職場適応援助者からの援助により、即座に上司や同僚の障害者雇用に対する意識が変容し、障害者の就労継続に必要な援助を自発的または計画的に提供できるとは考えにくい。意識が変容するまでには、障害特性や職場環境なども影響し、さまざまなプロセスが存在すると推測される。

そこで本研究は、軽度知的障害を伴う自閉スペクトラム症者を雇用する事業所の上司や同僚が、訪問型職場適応援助者から援助を受けるまでのプロセス、援助を受けてから障害者雇用に対する認知が変容するまでのプロセス、こうした変容のプロセスを検討することで、訪問型職場適応援助者からの援助が雇用現場に及ぼす影響について明らかにする。

Ⅱ．方　法

1．質問紙調査

（1）調査協力者

調査協力者は、公益財団法人全国障害者雇用事業所協会の会員事業所一覧から、関西圏（2府3県）に所在する事業所に質問紙を郵送し、自閉スペクトラム症者を雇用している事業主を選出した。

（2）調査期間

質問紙調査は、2020年12月初旬から2021年2月下旬の期間に実施した。

（3）調査内容

自閉スペクトラム症者を雇用している事業所の事業主に依頼した質問紙調査の内容は、「産業種」、「従業員数」、「雇用期間」、「雇用上の配慮」であった。

（4）データ収集

質問紙調査用紙については、調査協力者に郵送によって自記式質問紙を配布した。なお、質問紙の回収については、同封の返信封筒による返却を依頼した。

（5）倫理的配慮

調査協力者に調査を依頼する際、質問紙に依頼文を添付したうえで、調査への参加は自由であり、質問紙調査への回答内容や調査への不参加によって何の不利益も被らないことを示した。また、質問紙および回答結果を入力したデータは、個人が特定できないように厳重な管理を保障し、回答の提出をもって、研究参加への同意を得られたものとした。なお、本研究は花園大学研究倫理委員会の承認を得て実施した（承認番号：2021-19）。

2．面接調査

（1）調査協力者

質問紙調査で、最も多かった常用労働者数「30～99人」の16事業所（民間企業）に調査票を郵送し、回収した調査票の中から、訪問型職場適応援助者からの支援を受けて、自閉スペクトラム症者を雇用していることを条件とした結果、4社を調査対象候補に選んだ。次に、筆者が調査の概要説明を行い、研究趣旨に同意した2社の中から、協力が期待できるA社を選定した。そして、A社の従業員の中から、年齢および勤務年数の違う10名を調査協力者として抽出した。

（2）A社の概要

A社は、常用労働者100人未満の株式会社で、主な業務は一般ゴミ処理および管理、清掃用品や用具の販売、建物の総合清掃及び保安警備等であった。A社はこれまでに、軽度知的障害者や軽度知的障害を伴う自閉スペクトラム症者の雇用経験があった。

（3）面接調査

本調査は、研究代表者である筆者が、2021年3月中旬から下旬にかけて実施した。面接調査の場所は、A社のプライバシーの守られた空間（会議室）を確保した。

（4）データ収集

自閉スペクトラム症者と上司や同僚の職場における関係性に問題が見られなかったことから、上司と同僚に自閉スペクトラム症者の職場実習を担当すること

に至った経過について、半構造化面接によるインタビューを行った。半構造化面接の質問項目では、基本事項として、性別、年代、勤務年数、配属先、指導経験について聞き取った後、①「これまで何人、自閉スペクトラム症者の職場実習を担当した経験がありますか」、②「職場適応援助者の所属機関はどこでしたか」、③「どのような経緯で支援をうけたのですか」、④「具体的にどのような支援を受けましたか」、⑤「支援を受けたことで変わったことはありましたか」、⑥「職場適応援助者の支援に満足していますか」、⑦「よくなかった支援はありましたか」の項目を用意し、聞き取りを行った。次いで、自閉スペクトラム症者に仕事を教えることについて自由に語ってもらった。途中、文脈を遮らないように、「自閉スペクトラム症者の就労継続が困難と感じたことはありますか？」や「同僚や上司の気づき」など、調査者から問いかけも行った。その結果、自身の経験をさかのぼりながらの語りや、その中で印象に残ったエピソードとして、自閉スペクトラム症者との出会いから今日に至るまでの流れを含む語りが得られた。調査時間は概ね 30 分以内とした。インタビュー内容は調査協力者の同意を得て、すべて IC レコーダーに録音し、録音されたデータは逐語形式で文字化した。

（5）分析方法

　質的分析により、訪問型職場適応援助者からの援助による上司や同僚の障害者雇用に対する意識変容のプロセスを明らかにするため、自閉スペクトラム症者に対する意識を「障害者雇用に対する理解、自閉スペクトラム症者に仕事を指導する上での対応」と操作的に定義した。

　データ分析には、修正版グラウンデッド・セオリー・アプローチ（M-GTA）を用いた。M-GTA は、質的データを継続的に確認しながら分析概念を生成し、複数の概念間の関係を解釈してまとめ、最終的に結果図を作成する方法である（木下，2003）。本研究は、訪問型職場適応援助者からの上司や同僚への援助という社会的相互作用に関する研究であり、かつ上司や同僚の障害者雇用に対する意識の変容プロセスを明らかにすることを目的としている点で、M-GTA が適していると判断した。

　分析は、木下（2003）を参考にしながら、IC レコーダーの録音データをもとに面接の逐語録を作成した。次に、「訪問型職場適応援助者の援助による上司や同僚の障害者雇用に対する意識の変容プロセス」という分析テーマを設定した。その後、逐語記録を読み進め

ながら分析テーマに関する具体例（語り）に着目し、他の類似例も説明できることを念頭に説明概念を生成した。概念生成時には分析ワークシートを作成し、概念名、定義、具体例、事例数を記入した。データ分析中に新たな概念が生成された場合は、個々の概念ごとに新たなワークシートを作成した。また、並行して他の具体例を逐語記録から探し、ワークシートに随時追加記入した。解釈が恣意的に偏ることを防ぐため、生成した概念の完成度は類似例をチェックするだけではなく、定義と対照的な解釈が可能な対極例が存在しないかどうかも確認した。分析結果はその都度ワークシートのメモ欄に記入した。そして、生成した概念同士の関係を個々の概念ごとに検討した。また、複数の概念からなるカテゴリーを作成し、カテゴリー相互の関係から分析結果をまとめていった。まとめた結果の概念をプロセスの筋に沿って文章化し、最終的に結果図を作成した。

　M-GTA ではデータに密着し、分析プロセスを明らかにし、継続的に比較分析を行うことにより、分析・解釈の妥当性を確保した。本研究では、M-GTA による分析手順を踏むこと、たとえば概念の類似例を探す、また対極比較を行うことでデータの解釈が偏らないようにすることにより客観性に努めた。

（6）倫理的配慮

　調査協力者に調査を依頼する際、研究の趣旨を説明し、周囲に内容が聞こえないよう、プライバシーに配慮した環境（会議室等）で行い、調査への不参加によって業務上不利益を被らないことを保障した。特に、個人が特定されないよう、①氏名、具体的な年齢は記載しない、②研究以外で使用しない、③外部に情報を漏らさない、④ IC レコーダーに録音した内容は調査後、個人が特定できないように厳重に管理し、分析後は速やかに消去する旨の説明を行い、調査対象者から同意を得て行った。なお、本研究は花園大学研究倫理委員会の承認を得て実施した（研究倫理：2021-19 号）。

Ⅲ．結果と考察

1．質問紙調査の結果から

　質問紙調査用紙の配布数は、障害者雇用事業所 108 通で、回収数は 34 通であった（回収率 31.4％）。

（1）「産業種」

　「産業種」の質問では、「製造業」が 17 件で 50％と

半数を占め最も多く、次いで「サービス業」が5件で14.7％、「廃棄物処理業」が3件で8.8％、「医療・福祉・教育」が2件で5.8％、「クリーニング」が2件で5.8％、「建築業」、「リサイクル」、「測量」、「事務」および「その他」が1件で2.9％であった。

(2)「従業員数」

「従業員数」の質問では、「30～99人」が16件で、47.0％と半数近くを占めた。次いで、従業員数「10～29人」は11件で36.6％、「100～299人」は5件で14.7％、「300～499人」および「500～999人」は1件で2.9％あった。

(3)「雇用期間」

「雇用期間」の質問では、自閉スペクトラム症者を雇用している事業所34社から回答のあった総数181人について、「2～5年未満」は65人で35.9％と最も多く、次いで、「5～10年未満」が44人で24.3％、「1～2年未満」は41人で22.6％、「6カ月～1年未満」は15人で8.2％、「6カ月未満」および「10年以上」は13人で7.1％であった。

(4)「雇用上の配慮」

「雇用上の配慮」の質問では、自閉スペクトラム症者を雇用している事業所34社から回答のあった総数282件について、「職業生活に関する相談員の配置」が26件で9.2％と最も多く、次いで「健康管理等、相談支援体制の確保」が25件で8.8％、「外部関係機関との連携支援体制の確保」が24件で8.5％、「業務遂行を援助する者の配置」が23件で8.1％、「工程の単純化等、職務内容への配慮」が22件で7.8％、「従業員への障害に対する理解促進」が21件で7.4％、「通院・服薬管理等、医療上の配慮」が19件で6.7％、「作業を容易にする設備や機械の改善」が18件で6.3％、「休暇を取得しやすくする等、休養への配慮」、「配置転換等、人事管理面の配慮」および「生活全般に関する相談支援体制の確保」が16件で5.6％、「短時間勤務等、勤務時間の配慮」が15件で5.3％、「助成金等、雇用制度に関する情報収集」が14件で4.9％、「送迎バス等、通勤への配慮」、「職場復帰のための訓練機会の提供」および「フレックスタイム制の導入等、労働時間の弾力化」が6件で2.1％、「研修、職業訓練等、能力開発機会の提供」が5件で1.7％、「雇用管理に関するマニュアル等の整備」が3件で1.0％、「その他」が1件で0.3％であった。

以上の調査結果から、「産業種」では、製造業が過半数を占めており、就職先として主要な業種であることが分かった。「従業員数」から、中小企業が大半を占めていた。「雇用期間」では、5年未満の者が半数以上を占めていた。「雇用上の配慮」では、複数選択で、「職業生活に関する相談員の配置」、「健康管理等、相談支援体制の確保」、「外部関係機関との連携支援体制の確保」および、「業務遂行を援助する者の配置」が3割以上を占めており、自閉スペクトラム症者を雇用している事業所の事業主は、職場適応援助者からの援助を重視していることが分かった。

2．面接調査の結果から

(1)調査協力者の概要

調査協力者10名の基本事項について、性別では男性6人、女性4人であった。年齢では平均40歳代であった。また、勤務年数は平均4.2年で、障害者の指導経験は、平均3人であった（表1）。

(2)概念の生成

調査協力者10名の面接内容について録音データから逐語記録を作成し、それをもとに概念の生成を行った。以下に、分析過程の一部を示す。なお、『　』は具体例、〔　〕は概念名を示している。

まず、上司や同僚が訪問型職場適応援助者から支援を受けるまでのプロセスに関する語りに注目した。『自閉スペクトラム症についての知識がないため、「ほんと、大丈夫かな？　どうしよう」と思った』という語りがみられ、障害者雇用に対して不安を抱いているといった主旨の内容であると考え、〔不安を抱く〕という概念を生成した。

次に、上司や同僚が訪問型職場適応援助者から受けた援助に注目した。例えば、『訪問型職場適応援助者が気づいた点や気になったことについて、「ここはこうしたら」って具体的に教えて貰った』という語りがみられ、障害に関する情報や支援方法などを教えてもらうといった主旨の内容であると考え、〔教えて貰う〕という概念を生成した。続いて、訪問型職場適応援助者から援助を受けた後のプロセスに関する語りに注目した。例えば、『訪問型職場適応援助者から教えて貰ったコミュニケーションの取り方や指示の出し方をひとつひとつ活用してみた。一度に教えてもなかなか覚えられなかったので、障害者のペースに合わせるようにした。また、特性を理解し、得意なことから指示するようにした』という語りがみられ、訪問型職場適応援助者から教えて貰った対応方法や具体的な支援方法を実際に活用してみるといった主旨の内容であると考え、〔活用してみる〕という概念を生成した。

最後に、上司や同僚の障害者雇用に対する意識の変

表1　調査協力者の概略

協力者	性別	年代	勤務年数	配属	指導経験
社員 a	男	40代	2年	公営住宅	1人
社員 b	男	40代	5年	市場管理棟	4人
社員 c	女	30代	2年	市営プール	1人
社員 d	男	60代	6年	公園事務所	5人
社員 e	男	50代	5年	市営浴場	4人
社員 f	女	40代	4年	高齢者施設	3人
社員 g	男	50代	8年	公園事務所	6人
社員 h	女	40代	2年	市役所	1人
社員 i	男	60代	5年	公園事務所	5人
社員 j	女	40代	3年	市営浴場	2人

容に関する語りに注目した。具体的には、『訪問型職場適応援助者から援助を受けて、偏見に気づけたり、障害者雇用を前向きに捉えられるようになることは、指導する上で大事だってあらためて思った』という語りがみられ、上司や同僚として自閉症スペクトラム症者への指導や対応を前向きに捉えるといった主旨の内容であると考え、〔前向きに捉える〕という概念を生成した。

　以上のように、訪問型職場適応援助者から援助を受けるまでのプロセス、受けた支援の内容、訪問型職場適応援助者から援助を受けた後のプロセス、上司や同僚の障害者雇用に対する認知の変容という時間的な流れに注目しながら、その他の事例についても同様の方法で概念の生成を行った。また、一度概念の生成を行った事例についても繰り返し検討し、新たに生成される概念はないか、解釈に偏りがないかなどを随時確認した。さらに、新たに生成された概念がすでに生成されている概念と結合できると考えた場合は結合し、新たな概念名をつけた。このように概念の生成と整理を行った結果、最終的に26の概念が生成された。

　各概念の名称、定義、具体例を表2に示した。

(3)　概念間の関係性の検討とカテゴリーの生成

　生成された26の概念について概念同士の関係性を検討し、その上でカテゴリーの生成を行った。以下にその詳細を述べる。なお、《　》はカテゴリー名を示した。

①問題の認識と援助への期待

　最初に時間的流れの中で現れる概念と考えられる〔不安を抱く〕から関係性の検討を始めた。〔不安を抱く〕は、『自閉スペクトラム症者と聞いて、「ほんと、大丈夫かな？　どうしよう」と思った』という語りから、自閉スペクトラム症者を受け入れる前に、〔何とかしたい〕は、『こちらの思いが伝わらず、やっぱりもうこれではだめだと思った』という語りから、自閉スペクトラム症者への指導が始まった後に生じる概念であると考え、〔不安を抱く〕→〔何とかしたい〕という関係に位置づけた。その上で、〔不安を抱く〕と〔何とかしたい〕のそれぞれが、『このままでは、一人で抱え込んでしまいそうなので、だれかにサポートしてもらいたいと思った』という語りから、〔援助してほしい〕につながると判断した。そして、〔援助してほしい〕と相反する概念として『「訪問型職場適応援助者に相談したら」と言われるけど、自分で対応しなければという部分もあって、最初頼みづらかった』という語りから、〔相談するのをためらう〕を位置づけた。また、〔相談するのをためらう〕は〔一人で抱え込む〕につながると判断した。ここまでの流れは訪問型職場適応援助者からの援助を受けるまでのプロセスとしてまとめられると考え、概念同士の関係性全体を「自閉スペクトラム症者の職業指導や対応の難しさを認識し、訪問型職場適応援助者に対して期待を抱くようになる過程」と定義してカテゴリー化し、《問題認識と支援への期待》と命名した。

②訪問型職場適応援助者による援助と対応

　『訪問型職場適応援助者は、「そうなんですね」って、どんなことでも親身に聞いてくれて、すぐに対処してくれた』という語りがみられた。上司や同僚が訪問型職場適応援助者から受ける最初の援助は、〔話を聞いて貰う〕であると判断した。ただし、『障害者の仕事の様子から、「指導面で困ったことはないか？」とか、「対応に慣れてきたね」とかそういう感じで声をかけて貰った』という語りから、訪問型職場適応援助者から上司や同僚に声をかけ、相談を引き出すこともあると考えられる。そこで、〔声をかけて貰う〕→

表2　概念リスト

概念名	定義	具体例
不安を抱く	障害者に適切に指導や対応ができるか不安や負担感を抱くこと	自閉スペクトラム症者と聞いて、「大丈夫かな？　どうしよう」と思った。（社員g：指導開始1日目）
何とかしたい	指導や対応について、このままではいけないという危機感を持つこと	こちらの思いが伝わらず、やっぱりもうこれではだめだと思った。（社員c：指導開始1日目）
援助してほしい	訪問型職場適応援助者に対して、援助してほしいという期待が生じること	このままでは、一人で抱え込んでしまいそうなので、だれかにサポートしてもらいたいと思った。（社員d：指導開始2日目）
相談するのをためらう	訪問型職場適応援助者に援助を求めることに、抵抗を感じること	「訪問型職場適応援助者に相談したら」と言われるけど、自分で対応しなければという部分もあって、最初頼みづらかった。（社員c：指導開始2日目）
一人で抱え込む	不安や負担に感じていることを訪問型職場適応援助者には相談せず、一人で抱え込んでしまうこと	自分でなんとかしなければと、抱え込んでしまい、相談する前に悩んでしまった。（社員f：指導開始3日目）
声をかけて貰う	訪問型職場適応援助者から声をかけてもらい、指導や対応について聞いて貰ったり、励まして貰ったりすること	障害者の仕事の様子から、「指導面で困ったことはないか？」とか、「対応に慣れてきたね」とかそういう感じで声をかけて貰った。（社員g：指導開始5日目）
話を聞いて貰う	不安なことや負担に感じていることについて、職場適応援助者に話を聞いて貰うこと	訪問型職場適応援助者は、「そうなんですね」って、どんなことでも親身に聞いてくれて、すぐに対処してくれた。（社員d：指導開始4日目）
指摘して貰う	訪問型職場適応援助者に課題点を指摘して貰うこと	訪問型職場適応援助者から自閉スペクトラム症者の作業指導や対応に関する問題点ついて、指摘して貰った。（社員f：指導開始4日目）
助言して貰う	訪問型職場適応援助者に適切な対応について助言して貰うこと	障害者の得意なところや苦手なところ、一人でできるようになるための教示や支援について助言して貰った。（社員c：指導開始4日目）
教えて貰う	訪問型職場適応援助者に障害に関する情報や指示の出しかたについて教えて貰うこと	訪問型職場適応援助者が気づいた点や気になったことについて、「ここはこうしたら」って具体的に教えて貰った。（社員a：指導開始5日目）
手伝って貰う	訪問型職場適応援助者に実際に障害者の仕事の様子を観察して貰い、直接支援して貰うこと	障害者とのコミュニケーションの取り方や指示の出し方など、「こういうときにどうしたらいいのか？」というようなスキル的なものも含めて、職場適応援助者に手伝って貰った。（社員b：指導開始5日目）
話を聞いて貰えない	訪問型職場適応援助者に相談しても十分に話を聞いて貰えないこと	別件で相談にのってもらいたいと言ったら、「担当外なので、そちらの支援機関に連絡しましょうか？」といった感じで、話に耳を傾けることなく、橋渡しだけしかしてくれなかった。（社員e：指導開始9日目）
否定される	自分の指導や対応について否定されること	訪問型職場適応援助者から、「配慮してください」とか「それは困ります」とか、そういう感じがちょっと多かったかなって思った。（社員h：指導開始11回目）
新たな視点や情報を得る	新たな視点や情報を得て、自身の偏見やニーズに気づくこと	自分の中に偏見あって、それがニーズというようなところに結びつかなかった。訪問型職場適応援助者のおかげで、障害者自身にしんどさがあったっていうことがわかった。（社員a：指導開始10日目）
活用してみる	訪問型職場適応援助者から教えて貰った指示の出し方やコミュニケーションの取り方を活用してみること	訪問型職場適応援助者から教えて貰ったコミュニケーションの取り方や指示の出し方をひとつひとつ活用してみた。一度に教えてもなかなか覚えられなかったので、障害者のペースに合わせるようにした。また、特性を理解し、得意なことから指導するようにした。（社員c：指導開始9日目）
自ら行動を振り返る	これまでの自分の指導や対応について振り返ること	「困っているのは障害者自身なんだ」と気づき、いかに自分中心に考えていたかがわかった。（社員h：指導開始15日目）
状況が変わらない	指導や対応を改善しても、障害者の状況が変わらないこと	教えてもらったとおりに試してみても、すぐにはうまくいかないこともあるし、丁寧に指導してもわかってもらえず、イライラすることもあった。（社員i：指導開始8日目）
自閉スペクトラム症者の行動が変わる	障害者の言動の変化に気づくこと	これまでできていなかったことが、指示どおりにしたことで、作業が正確にできるようになったこと。（社員b：指導開始10日目）
上司や同僚の対応が変わる	上司や同僚の言動の変化に気づくこと	これまでうまくできていなかったことができるようになり、上司や同僚から注目されたり、励ましの声をかけてもらえるようになった。（社員：c指導開始12日目）
職場が変わる	障害者を中心に職場の雰囲気などの変化に気づくこと	コミュニケーションの取り方や指示の出し方など、障害者の特性がだんだんわかってきて、「言葉をかけるタイミングはこんなふうにしたらいいんだな」とか、職場での会話に変化がみられた。（社員a：指導開始14日目）
楽になる	不安や負担感から解放され、身体的、精神的に楽になること	担当した最初は、「大丈夫かな？どうしよう」と一人で不安だったけど、同僚が関心をもって話しを聞いてくれるようになったおかげで、気持ちが楽になった。（社員j：指導開始15日目）
ポジティブに捉える	障害者への指導やコミュニケーションから、障害者雇用をポジティブに捉えること	訪問型職場適応援助者から援助を受けて、自身の偏見に気づけたり、障害者雇用をポジティブに捉えられるようになることは、指導する上で大事だなって改めて思った。（社員b：指導開始20日目）
自信が持てる	障害者への指導や対応について、自信が持てるようになること	コミュニケーションの取り方や指示の出し方を試してみて、「ああ、こうしたらいいんだ」という見通しや、自信がもてるようになった。（社員：i指導開始21日目）
さらなる援助を要求する	訪問型職場適応援助者にさらに援助してほしいという要求をすること	これからも援助して貰いたいと思うし、特別に配慮が必要でない場合でも、自分達の指導や対応について気づいたところがあれば指摘していただきたい。（社員d：指導開始23日目）
良いところを見つけて誉める	障害者の良いところを積極的に見つけて誉めること	訪問型職場適応援助者からの援助で学んだことや、指導や対応の仕方について、うまくいったことを同僚と共有していきたいと思う。（社員g：指導開始21日目）
自ら行動する	自主的に指導方法や対応の仕方について工夫を行うこと	これまで障害者を指導していて、何がいけなかったのか、どうすればよかったのか、そのようなことに時間を取って考えるようになった。（社員f：指導開始22日目）

〔話を聞いて貰う〕という関係に位置づけた。そして、〔指摘して貰う〕〔助言して貰う〕〔教えて貰う〕〔手伝って貰う〕は、〔話を聞いて貰う〕からつながる概念であると判断した。これらの概念同士の関係性全体を「上司や同僚が訪問型職場適応援助者から実際に支援を受ける過程」と定義してカテゴリー化し、《援助》と命名した。また、『別件の自閉スペクトラム症者の対応で、相談に乗ってもらいたいと言ったら、「担当外なので、そちらの支援機関に連絡しましょうか？」といった感じで、話に耳を傾けることなく、橋渡しだけしかしてくれなかった』という語りから、〔話を聞いて貰えない〕を〔話を聞いて貰う〕と相反する概念として位置づけ、さらに〔話を聞いて貰えない〕は〔否定される〕につながると判断した。そして、〔話を聞いて貰えない〕と〔否定される〕は、上司や同僚からの相談に対する訪問型職場適応援助者の否定的な対応であると考え「上司や同僚が訪問型職場適応援助者から否定的な対応を受ける過程」と定義してカテゴリー化し、《否定的な対応》と命名した。最後に《援助》と《否定的な対応》はどちらも訪問型職場適応援助者から受けるものと考え、「上司や同僚が訪問型職場適応援助者からさまざまな援助や対応を受ける過程」と定義してさらにカテゴリー化し、《援助》と《否定的な対応》をサブカテゴリーとして包含する《訪問型職場適応援助者からの援助と対応》を生成した。

③行動の調整と状況変化

　『訪問型職場適応援助者から教えて貰ったコミュニケーションの取り方や指示の出し方をひとつひとつ活用してみた。一度に教えてもなかなか覚えられなかったので、ひとつ覚えたらまたひとつと、本人のペースに合わせて活用するようにした。また、障害特性を理解し、得意なことから指導するようにした』という語りがみられた。上司や同僚は、訪問型職場適応援助者から援助を受けることで、適切な指導方法や対応の仕方を学ぶことができると考えられる。そこで、次は〔新たな視点や情報を得る〕から概念の関係性を検討した。新たな視点や情報を得た上司や同僚は、これまでの指導や対応と新たな視点や情報とを照らし合わせながら改善策を探り、実際に活用してみるのではないかと考えた。そこで、〔活用してみる〕と〔自ら行動を振りかえる〕とを影響し合う関係として位置づけた。また、この関係を「上司や同僚が訪問型職場適応援助者による援助から得た視点や情報をもとに行動を調整していく過程」と定義してカテゴリー化し、《行動の調整》と命名した。さらに、〔上司や同僚の対応が変わる〕〔自閉スペクトラム症者の行動が変わる〕〔職場が変わる〕を《行動の調整》から繋がる概念とし、〔上司や同僚の対応が変わる〕と〔自閉スペクトラム症者の行動が変わる〕、〔上司や同僚の対応が変わる〕と〔職場が変わる〕のそれぞれを影響し合う関係として位置づけた。そして、これらを「自閉スペクトラム症者、上司・同僚、職場が変化する過程」と定義してカテゴリー化し、《環境の変化》と命名した。

　一方、『教えてもらったとおりに試してみても、すぐにはうまくいかないこともあるし、丁寧に指導してもわかってもらえず、イライラすることもあった』という語りがみられた。上司や同僚が《行動の調整》を行ったとしても、すぐに問題が解決するわけではなく、時には問題が継続してしまうことも十分ありえると考えられる。したがって、《行動の調整》からつながる概念としては、《環境の変化》とともに〔状況は変わらない〕も位置付けた。そして、ここまでの流れは上司や同僚が訪問型職場適応援助者から援助を受けた後のプロセスとしてまとめられると考え、「上司や同僚が自ら行動を調整することによって自閉スペクトラム症者の行動や職場の環境が変化していく過程」と定義してカテゴリー化し、《行動の調整》と《環境の変化》をサブカテゴリーとし、また〔新たな視点や情報を得る〕と〔状況が変わらない〕も含めて《行動の調整と環境の変化》を生成した。

④障害者雇用に対する意識の変容

　〔楽になる〕〔前向きに捉える〕〔自信が持てる〕はいずれも、上司や同僚の自閉スペクトラム症者に対する指導や対応に関する意識であると考えた。そこで、これらの概念を中心とした関係性の検討を行った。まず、〔楽になる〕は、『最初は、「大丈夫かな？　どうしよう」と一人で不安であったけど、上司や同僚が関心をもって関わってくれるようになったおかげで、気持ちが楽になった』という語りから、自閉スペクトラム症者に対する指導や対応の不安が軽減することであり、再び不安を感じたときには、訪問型職場適応援助者に援助してもらいたいと感じるものではないかと考えた。そこで、〔楽になる〕→〔さらなる支援を要求する〕という関係に位置付けた。また、『コミュニケーションの取り方や指示の出し方をひとつひとつ活用してみて、「ああ、こうしたらいいんだ」という見通しが持てたことで、自信がもてるようになった』という語りがみられた。このことは、自閉スペクトラム症者に対する指導方法や対応の仕方が身について

きたことであり、再び問題に直面しても経験をもとに工夫していけると考えられる。そこで、〔自信がもてる〕→〔自ら行動する〕という関係に位置付けた。さらに、『訪問型職場適応援助者から援助を受けて、偏見に気づけたり、障害者を前向きに捉えられるようになることは、職業指導する上で大事だなって改めて思った』という語りからは、積極的に良いところを発見して褒めるといった態度に繋がると考えられる。そこで、〔ポジティブに捉える〕→〔良いところを見つけて褒める〕という関係に位置付けた。加えて、訪問型職場適応援助者に積極的に援助を求めたり、自ら指導方法や対応の仕方について工夫することにも繋がると考えられる。そこで、〔さらなる援助を要求する〕や〔自ら行動する〕も〔ポジティブに捉える〕から繋がる概念として位置付けた。また、〔ポジティブに捉える〕ことで、ポジティブにプラス思考で状況を判断し、自ら行動することに繋がると考えられる。そのため、〔良いところを見つけて褒める〕→〔自ら行動する〕という関係も位置づけた。そして、以上のプロセスを「上司や同僚の障害者雇用に対する認知が変容し、その後の行動につながる過程」と定義してカテゴリー化し、《障害者雇用に対する認知の変容》と命名した。また、このカテゴリーは、分析テーマに直結すると考え、コアカテゴリーとした。

（4）カテゴリー間の関係性の検討と結果図

概念同士の関係性を検討し、カテゴリーの生成を行った結果、4つのカテゴリーと4つのサブカテゴリーが生成された。そこで、次にこれらのカテゴリー間の関係性を検討した。ただし、概念の生成、概念同士の関係性の検討やカテゴリーの生成の際に時間的な流れに注目しながら分析を進めてきたため、《問題の認識と支援への期待》→《訪問型職場適応援助者による援助と対応》→《行動の調整と環境の変化》→《障害者雇用に対する認知の変容》という全体のプロセスはすでに整理されている。したがって、これまでの分析結果を踏まえ、概念同士の関係性、カテゴリー間の関係性を結果図としてまとめ、図1に訪問型職場適応援助者による社員の障害者雇用に対する認知変容のプロセスを示した。

図1から、自閉スペクトラム症者への指導や対応に関する問題を認識した上司や同僚が訪問型職場適応援助者に相談し、『障害者とのコミュニケーションの取り方や指示の出し方など、「こういうときにどうしたらいいのか？」というようなスキル的なものも含めて』、訪問型職場適応援助者に手伝って貰いながら、

行動の調整を繰り返す中で問題が次第に改善し、最終的に障害者雇用に対する認知を変容させていく、というプロセスが示された。

一方で、訪問型職場適応援助者から否定的な対応を受けたために、相談するのをためらい、結果として問題を一人で抱え込んでしまうというプロセスも示された。つまり、『話に耳を傾けることなく、橋渡しだけしかしなかった』と『どんなことでも親身に聞いてくれて、すぐに対処してくれた』という対照的な語りからもわかるように、訪問型職場適応援助者は上司や同僚の心情や立場を理解して話を聞くことができるか否かが、上司や同僚の障害者雇用に対する認知のポジティブな変容への分岐点となる可能性が示唆された。

以上のことから、訪問型職場適応援助者には、自閉スペクトラム症者と職場との環境調整という役割が求められており、上司や同僚に対して適切な援助ができるか否かが重要となる。しかし、上司や同僚の障害者雇用に対する認知をポジティブに変容させるためには、訪問型職場適応援助者は不安や負担感を抱いている同僚や上司の身になって、困りごとはないか、積極的に声をかけ、どんなことでも話に耳を傾け、受容する姿勢が求められる。

調査結果から、訪問型職場適応援助者は、自閉スペクトラム症者の就労上の問題点を発見し、社員に対しモデルを示して援助することで、ナチュラルサポートに繋げていることが考えられる（表3）。そして、上司や同僚は訪問型職場適応援助者から援助を受けることにより、自身の偏見に気付き、今までなかった人的、物理的設定を雇用現場に反映して変化をもたらしていると考えられる。このことから、障害者雇用に対する上司や同僚の認知をポジティブに変容させるためには、上司や同僚が訪問型職場適応援助者から、自閉スペクトラム症者への職業指導や対応の仕方を学び、実際に試してみるなど、試行錯誤する機会を保障していくことが重要である。

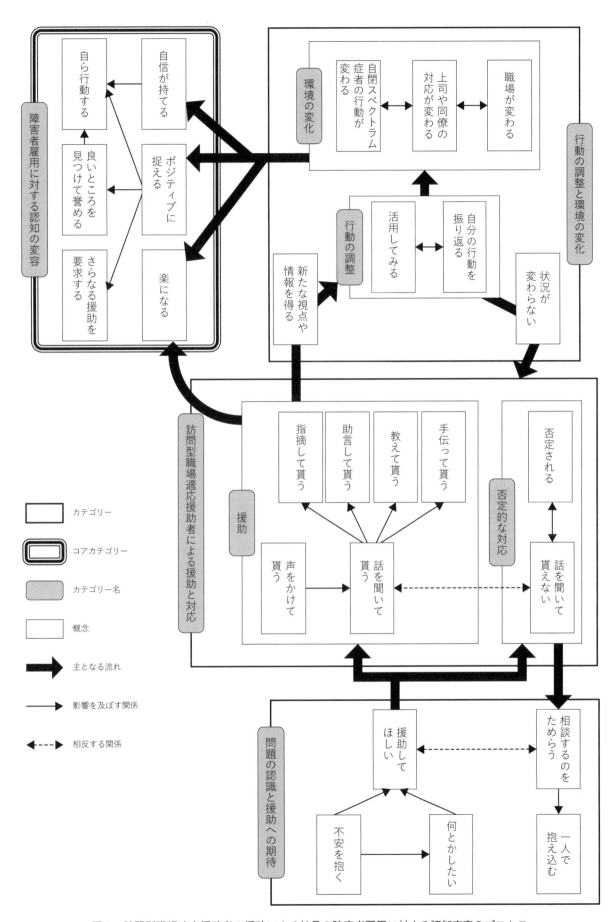

図 1　訪問型職場適応援助者の援助による社員の障害者雇用に対する認知変容のプロセス

表3　訪問型職場適応援助者による援助と対応

障害特性	就労上の問題	援助と対応
• コミュニケーション • 対人関係	口頭での説明や指示を聞きとって理解することができず、同じミスを繰り返してしまい、対人関係の悪化から、自傷が生起した。	口頭だけでのやりとりではなく、書面に書いて示したり、伝達情報を図式化（フローチャート等）し、視覚的に整理することで、情報を相互に共有した。その結果、自傷は収まった（職場適応援助者は、言葉の表出が苦手な場合には、質問用紙に選択肢を設けて意思を確認し、手順書やワークシートを用いて振り返り、本人の得意なことや課題を発見できるように援助した。また、本人に気づきを促すため、作業評価を具体的に返して、自己理解に繋がるように援助した）。
• 仕事の見通し • 時間概念	口頭で作業変更を指示したが、作業時間や作業場所を間違えて作業をしていたため、注意をすると、混乱し、自傷が生起した。	口頭だけでのやりとりではなく、情報提示を工夫し、掲示物コーナーに情報を一カ所にまとめた結果、自傷は生起しなくなった（職場適応援助者は、仕事の予定を全体で確認できるスケジュールボードに提示し、いつでも確認できるようにした。時間の流れがわかるように、作業スケジュール表を個別に作成して説明し、本人が1人でも取り組めるように援助した）。
• 聴覚過敏 • 視覚過敏	作業中、建築に係る騒音の発生に反応し、それに起因した混乱と自傷が生起した。 日中、ガラス窓の多い陽当たりのよい室内での作業を嫌い、手抜きやミスが発生した。	感覚過敏に関する正確な情報を相互に共有し、症状を緩和するためのアイテムや方法を活用できる環境を準備し、提供した結果、感覚過敏に関する問題は解消された（職場適応援助者は、聴覚過敏に配慮して、大きな音のする場所での作業では、耳栓やノイズキャンセリングイヤホンの使用を促した。視覚過敏に対しては、帽子や遮光レンズメガネ、サングラスなどの使用を促して対応を図った）。

表4　職場定着支援のプロセス（小川（2001）を参考に作成）

支援期	援助の内容	援助期間
事前支援期	事前に職場を訪問して、従業員から聞き取りを行い、仕事内容を把握する時期	就労先に数回事前訪問
集中支援期	支援対象者の不適応課題を分析し、集中的に改善を図る時期	就労先に週3〜4日訪問
移行支援期	援助ノウハウの教示やキーパーソンの育成により、支援の主体を徐々に職場に移行する時期	就労先に週1〜2日訪問
フォローアップ期	支援対象者の定着状況を定期的に確認し、必要に応じて援助を行う時期	就労先に数週間〜数カ月に一度訪問

Ⅳ．結　語

　本研究では、個別性や具体性、多様性を重視する質的研究の方法のうち、プロセスを明らかにするのに適していると判断されたM-GTAを用いて分析を行った。

　その結果、軽度知的障害を伴う自閉スペクトラム症者を雇用する事業主は、当事者の健康面や職業生活への配慮を重要視し、訪問型職場適応援助者からの援助に期待していることが考えられた。また、指導開始20回目以降の移行支援期（表4）では、上司や同僚は訪問型職場適応援助者から、職業指導の方法や対応の仕方を学び、実際に試してみるなど、試行錯誤を繰り返す中で、障害者雇用に対する認知を変容させていくというプロセスが示された。そのことから、訪問型職場適応援助者は、上司や同僚が経験を積み重ねる機会を保障していくことで、障害者雇用に対するポジティブな側面が現れ、ナチュラルサポートに繋がる工夫が

なされたと考えられる。この点について、若林・八重田（2016）は、同僚の肯定的な関わり方を発生させるには、不安を軽減する以上に、負担感を減らすような支援者の関わり方が重要であることを示唆しており、本研究でも確認されたものであるといえよう。

　しかし、本研究では、雇用現場に及ぼす影響について、訪問型職場適応援助者からの援助に限定していることから、「配置型」や「企業在籍型」からの援助では、上司や同僚に及ぼす影響が異なる可能性も考えられる。したがって、今後は「訪問型」以外の職場適応援助者からも、データを収集することが必要であろう。

付記：本研究は JSPS 科研費 20K13745 の助成を受けて実施した研究の一部であり、第 31 回職業リハビリテーション研究・実践発表会での発表内容に加筆修正を加えたものである。

謝辞：本研究の執筆にあたり、ご協力いただきました関係者の皆さまに篤く御礼申し上げます。

〈文　献〉

独立行政法人高齢・障害・求職者雇用支援機構障害者職業総合センター（2008）地域における雇用と医療等との連携による障害者の職業生活支援ネットワークの形成に関する総合的研究.

独立行政法人高齢・障害・求職者雇用支援機構障害者職業総合センター（2017）障害者の就業状況等に関する調査研究.

福井信佳・大歳太郎・橋本卓也（2017）知的障がい者の就労状況と離職に関する一考察. 日本職業・災害医学会会誌, 65, 82-88.

福井信佳・中山広宣・橋本卓也他（2012）大阪府における精神障害者の離職に関する研究. 日本職業・災害医学会会誌, 60, 32-37.

木下康仁（2003）グラウンテッド・セオリー・アプローチの実践―質的研究への誘い. 弘文堂.

厚生労働省（2021）令和 2 年度障害者雇用状況の集計結果.

松田光一郎（2014）自閉症者の継続雇用を可能にする要因に関する研究―関西圏にある T 社を事例に. 自閉症スペクトラム研究, 12(1), 65-72.

永野仁美（2014）特集・障害者の雇用と就労―障害者雇用政策の動向と課題. 日本労働研究雑誌, 646, 4-14.

小川　浩（2001）重度障害者の就労支援のためのジョブコーチ入門. エンパワメント研究所.

若林　功・八重田淳（2016）同僚の援助提供認識が働く知的障害者への援助行動に与える影響. 職業リハビリテーション, 29, 2-11.

Impact of visiting job coaches' assistance on workplaces employing individuals with autism spectrum disorders

Koichiro Matsuda（Faculty of Social Welfare, Hanazono University）

Abstract: This study explores critical factors for employers hiring individuals with autism spectrum disorder （ASD） and mild intellectual disability and examines how the support of visiting job coaches impact the workplace. We surveyed business managers from establishments in the Kansai region to gather primary data. Based on the survey results, we conducted with supervisors and colleagues who directly interact with employees with ASD and mild intellectual disability Our findings indicate that the support of visiting job coaches not only alleviates the anxiety of supervisors and colleagues but also encourages proactive behavior and positively reshapes perceptions of employing individuals with disabilities.

Key Words: visiting job coach, autism spectrum disorder with mild intellectual disability, employment of persons with disabilities, modified grounded theory approach

The Japanese Journal of Autistic Spectrum 2024, Vol.21-2, 31-40

実践報告

知的障害児に対する幼稚園における遊び活動スキルへの応用行動分析学的介入

Behavioral intervention to enhance kindergarten activity skills in a child with intellectual disabilities

伊藤　貴大（目白大学人間学部）[注]

Takahiro Ito（*Faculty of Human Sciences, Mejiro University*）

青木　康彦（福岡教育大学大学院教育学研究科）

Yasuhiko Aoki（*Graduate School Research Division of Education, University of Teacher Education Fukuoka*）

野呂　文行（筑波大学人間系）

Fumiyuki Noro（*Institute of Human Sciences, University of Tsukuba*）

■**要旨**：本研究は幼稚園に通う知的障害児を対象に、幼稚園で通常行われている活動に沿って３つの遊び活動スキル（ことしのぼたん、I字開戦、木鬼）の支援を実施し、遊び活動スキルにおける正反応が上昇するか、また、同時に社会的スキルが向上するかを検討した。支援方法は通常行われている活動は可能な限りそのままで、どのような支援が追加できるかを支援者と対象児の担任、園長が協議し、決定した支援を実施した。その結果、介入期において、ことしのぼたん、木鬼における正反応率が上昇した。また、I字開戦では、活動に強化子となる刺激があれば、幼稚園で通常行われている活動に則った支援を継続することで正反応率が上昇する可能性を示した。幼稚園教諭が回答した社会的スキルに関するチェックリストについても、支援前よりも支援後で得点が高かった。考察では、本研究の支援が各遊び活動スキルの正反応率の上昇にどのような影響があったか、幼稚園で通常行われている活動を可能な限りそのままにして支援を行うことの有効性、本研究の限界と今後の展望について議論した。

■**キーワード**：知的障害、幼稚園、遊び活動スキル

I．問題の所在と目的

我が国では、障害のある幼児も障害のない幼児も同じ集団で過ごし、学んでいくことが望まれている。原口・野呂・神山（2015）では、ある１つの県の全公立幼稚園を対象に、特別な配慮を要する子どもの在籍に関する調査を実施し、65％以上の幼稚園で障害のある子どもが在園していることを明らかにしている。また、全国の幼稚園における特別な配慮を要する子どもの在園に関して調査を行った佐久間・田部・高橋（2011）によれば、44都道府県の公立幼稚園の85.6％に特別な配慮を要する子どもの在籍が認められ、そのうち障害の診断のある幼児の割合は39％であった。上記から、多くの幼稚園において障害を持つ子と持たない子が同時に教育を受けていると考えられる。

また、平成29年度に改訂された幼稚園教育要領（文部科学省，2017）では、幼稚園教育の基本の１つとして、幼児の自発的な活動としての遊びは、心身の調和の取れた発達の基礎を培う重要な学習であるとして、遊びを通しての指導を実施していくことが述べられている。Guralnick & Groom（1988）によれば、定型発達の幼児が、同年齢の障害のない子どもと遊んだ場合よりも、障害のある幼児と遊んだ場合において、社会的相互作用が多かったことを明らかにしている。また、活動に根ざした介入（activity based approach to early intervention）においても、設定した活動の中に、障害児の学習機会が取り入れられる必要性が指

注）本研究時の所属は筑波大学大学院人間総合科学研究科（Graduate School of Comprehensive Human Sciences, University of Tsukuba）。

摘されている（Pretti-Frontczak & Bricker, 2004）。

上記の点からも、遊びに必要な遊び活動スキルを標的行動として、幼稚園において障害児の支援を行うことは、障害児だけではなく、定型発達の幼児においても、有益であると考えられる。

幼稚園教育要領（文部科学省, 2017）では、個別の指導計画に関しても、障害児に対する個別支援の必要性が明記されている。しかし、個別の指導計画の作成における問題点が指摘されている。例えば、真鍋（2013）は、保育者が個別の指導計画を作成するにあたって、作成継続の困難さや障害児支援に携わる専門家との連携の難しさなど、個別の指導案の作成に関する難しさを指摘している。また、森・林（2012）は発達障害児への対応の困難さや保育所や幼稚園における方針から、障害児支援に携わる専門家がアドバイスをしても、園に受け入れられないことや、あるいは有効に活用されるとは限らないことを指摘している。さらに、我が国では、藤原・園山（2018）は認定こども園において、自閉スペクトラム症児の社会的遊びに対する支援を行っているが、支援対象児に適した社会的遊びを選定しているため、既存の活動で学習ができていたクラスメイトがより容易な活動を行わなければならない状況であったことが懸念される。こうしたことから、支援を実施の際には、(1) 障害児支援に携わる支援者の関与を最小限にする、(2) 幼稚園で通常行われている活動に可能な限り沿った支援を行うことが望まれる。

幼稚園で通常行われている活動に沿った形で活用可能な方法として応用行動分析学に基づく支援方法がある。応用行動分析学的な手法を活用して、幼稚園における自閉スペクトラム症児を対象とした遊び活動スキルの支援を行った研究がいくつかある（Fujiwara & Sonoyama, 2018; Fujiwara & Sonoyama, 2019）。Fujiwara & Sonoyama（2018）では、遊び活動スキルに対して、プロンプトや強化子の提示といった対象児に直接的に関わる必要がある支援を行い、遊び活動スキルの正反応率を向上させている。

応用行動分析学による支援において、幼稚園で通常行われている活動に沿った形で活用できる可能性がある手法として、ABC分析、先行子操作、課題分析がある。ABC分析とは、先行事象、標的行動、結果事象の観点から直接観察する方法であり（Miltenberger, 2001）、標的行動が生起する自然場面で行われるため、幼稚園の通常の活動においても活用できる。先行子操作は、行動が生起するきっかけとなる刺激の操作を含

む方法であり（Miltenberger, 2001）、活動前に準備が可能な方法になることから、支援場面で一度に多くの幼児と関わる幼稚園場面においては取り入れやすい可能性がある。課題分析は、活動に必要な一連の行動の連鎖を個々の行動単位に細かく分析する過程である（Miltenberger, 2001）。課題分析は、活動前に実施可能であり、活動に必要な行動単位が未獲得かを特定し支援することができるため、幼稚園の通常の活動においても活用できると考えられる。

幼稚園における支援は、障害児支援に携わる支援者の関与を最小限にすることが望まれ、さらに、できる限り活動に沿った支援が求められる。その中で、応用行動分析学的手法を用いた遊び活動スキルを向上させるための支援は、通常行われている活動に沿った形で行えることから、幼稚園場面においても有効であることが想定される。

そこで、本研究の目的は、障害児支援に携わる専門家が子どもの支援に直接関与せず、可能な限り幼稚園で通常行われている活動を変更せず活用する支援を目的として、遊び活動スキル、具体的には、ことしのぼたん、I字開戦（どんじゃんけん）、木鬼に必要なスキルの支援を検討することであった。

Ⅱ．方　法

1. 対象児

女児1名を対象とした。対象児は、児童相談所において知的障害の判定を受けていた。対象児は年少の2学期にA幼稚園に入園し、研究開始時は年中児クラスに在籍していた。本研究開始時の生活年齢は4歳2カ月であり、4歳4カ月時に実施したKIDS乳幼児発達スケール〈タイプT〉の結果は、DQ52であった。対象児は生活場面での指示理解は可能だが、発語は少なく、「せんせーい」、「ブロック」などの1語文がほとんどであった。社会的スキルに関しては、基本的に他児と関わることは少なく、ブロックやお絵かき、園庭での砂いじりなど一人遊びが多かった。

2. 倫理的配慮

研究に先立ち、筑波大学人間系研究倫理委員会の承認を得た上で実施した。本研究開始前、対象児の母親に対し、口頭と書面にて研究の目的や方法について説明を行い、書面による同意を得た。また、同意の拒否、及び撤回に関しては随時可能であること、研究の

参加可否によって対象児が不利益を被ることはないことを説明した。

3．研究期間およびセッティング

研究期間は X 年 5 月中旬から X 年 10 月下旬であった。A 幼稚園において通常行われている活動に沿った形での遊び活動が行われる場面とした。週 2 回、A 幼稚園の約 5 時間程度の活動のうち、遊び活動への対象児の参加時の様子、および対象児とクラスメイトとの関わりを観察した。

4．標的行動

幼稚園で通常行われている活動に沿った活動内容の中から対象児の活動参加を促すことが可能であると考えられる遊び活動を、障害科学を専攻する著者と、対象児の担任、園長と協議し、遊び活動スキルを決定した。遊び活動は、対象児の発達段階やスキルの観点から、現時点で介入によって正反応率の上昇が望まれる遊び活動を選定した。選定した遊び活動は、ことしのぼたん、I 字開戦、木鬼であった。選定した遊び活動は、対象児のスキルであれば実施できる可能性があり、興味を示している活動であった。決定した遊び活動を課題分析し、標的行動とした。課題分析の結果は表 1 に示した。ことしのぼたん、I 字開戦、木鬼の概要は、下記の通りであった。

（1）ことしのぼたん

円の形になるように隣の人と手を繋ぎ、歌いながら身振り手振りの振り付けを行う。その後、やりとりの中で、鬼を確認し、その鬼に捕まらないように逃げる遊びである。ことしのぼたん活動のイメージを図 1 に示した。

（2）I 字開戦

2 つのチームに分かれる。地面に 1 本の線を引き、その 1 本の線の両端にそれぞれのチームが陣を取る。各チームの 1 人が 1 本の線を相手の陣地を目指して歩き、相手のチームの人と対面したら、お互いの両手を合わせ、じゃんけんをする。じゃんけんに勝った人は、相手の陣地を目指して先に進み、負けた人はチームの陣に戻り、新たに 1 人が相手の陣地を目指して線の上を歩く。先に、相手のチームの陣地にたどり着いたチームが勝ちである。I 字開戦活動のイメージを図 2 に示した。

（3）木鬼

鬼を決め、担任が合図をしてから、鬼以外の人は鬼から逃げる。鬼から逃げる人は、鬼に捕まらないよう

にしながら、木に触る。木に触る前に、鬼に捕まったら、鬼に捕まった人が鬼となる。

なお、ことしのぼたんにおいて、「先生の呼びかけに応じる」、「先生の話しを聞く（先生の方をみる）」が標的行動にあった。これらの標的行動は、I 字開戦、木鬼にも必要な行動であったが、5 月中旬から 6 月中旬のことしのぼたんの介入期で 100％生起していたため、I 字開戦、木鬼では標的行動から除外した。木鬼活動のイメージを図 3 に示した。

5．手続き

（1）ベースライン期（BL 期）

ことしのぼたん、I 字開戦、木鬼について、通常行われている活動に沿った形で実施した。通常行われている活動では、A 幼稚園の自主性を養うという理念のもと、活動に参加していない子や理解が難しい子に対しては、クラスメイト全体を促す言葉かけ以外に特別な援助を行うことはなく、子どもたちを見守る支援が行われていた。

（2）介入期

選定された標的行動に対し、対象児の担任、園長から聞き取った情報と、著者が行った行動観察から分析を行った。具体的には、著者と担任、園長で ABC 分析を行った。そして、支援案について、著者が提案し、園長と担任と実際に実施できるように支援案を調整した。支援案については、他児への活動に影響が少ないものという観点から作成した。また、それぞれの遊び活動スキルついて、その日の遊び活動の終了後、著者が担任に対し結果のフィードバックを行い、担任の感想や意見などを行動記録毎に聞き取った。各遊び活動内容について、下記のように調整を行った。

①ことしのぼたん：「鬼の姿を確認する（鬼の方を見る）」について、鬼の子どもが分からないため、行動が生起していない可能性が考えられた。また、鬼の子どもがわからないため、「鬼から逃げる」も生起していないと考えられた。そのため、ヘアバンドを鬼の子どもが着けて、鬼の姿が視覚的に分かるように先行子操作を行った。なお、「手をつないだ状態で歌う」、「鬼と掛け合いのやりとりをする」も生起がみられなかったが、支援する担任の負担を考慮し、「鬼の姿を確認する（鬼の方を見る）」を介入することとした。

②木鬼：「鬼の姿を確認する（鬼の方を見る）」について、ことしのぼたん同様に誰が鬼なのかがわからないため、周りの子どもが走る様子を見て逃げていた。そこで、ことしのぼたん同様、ヘアバンドを鬼の子ど

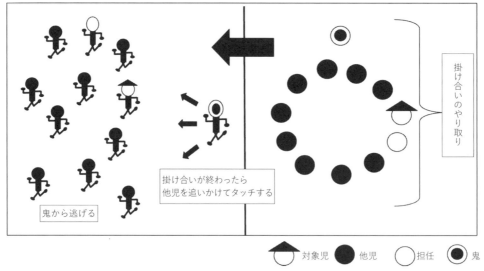

図1　ことしのぼたん活動のイメージ

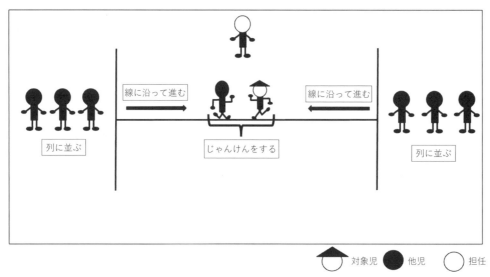

図2　I字開戦活動のイメージ

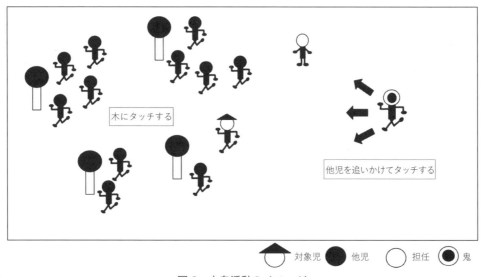

図3　木鬼活動のイメージ

表 1　各月の遊び活動における課題分析

	5 から 6 月 ことしのぼたん	6 から 7 月 I 字開戦（どんじゃんけん）	9 から 10 月 木鬼
1	先生の呼びかけに応じる	並んで待つ	先生の合図を聞く
2	先生の話を聞く（先生の方を見る）	線に沿って進む	鬼の姿を確認する（鬼の方を見る）
3	隣の子と手をつなぐ	相手チームの子がいたら止まる	鬼と違う方向に走る
4	手をつないだ状態で円になる	両手で相手の子とタッチする	近くの木を見る
5	手をつないだ状態で歌う	じゃんけんをする	木の方へ走る
6	手を離す	勝敗に応じて進む・戻る	木にタッチする
7	手を叩く		
8	鬼と掛け合いのやり取りをする		
9	走る（スキップ）		
10	鬼の姿を確認する（鬼の方を見る）		
11	鬼から逃げる		

もが着ける先行子操作を行った。また、木鬼を行う環境が他クラス児も多く遊ぶ場所であることから鬼を確認するのが困難であった。そのため、鬼が確認しやすいように、他クラス児が周囲にいない環境で遊び活動を行うこととした。

なお、I 字開戦について、「じゃんけんをする」は担任が言葉かけしなければ生起しない行動であり、「勝敗に応じて進む・戻る」に関しても担任からの誘導が必要であった。勝敗理解に関しては個別支援の必要性が高いこと、また、対象児以外のクラスメイトも半数近くが勝敗理解できていないことから、通常行われている活動に則って支援を継続することとした。具体的には、BL 期の手続きを継続することとした。

6. 従属変数

（1）遊び活動場面

遊び活動場面における行動の生起割合を従属変数とした。行動の生起割合は生起した項目数を課題分析した項目数で除し、100 を乗じることで算出した。生起した行動数に関しては、担任等からの援助がなく、自発的に生起したものをカウントした。

（2）社会的スキルチェックリスト

幼児用社会的スキル尺度（保育者評定版）（金山他，2011）、および The Preschool Play Behavior Scale (Coplan & Rubin, 1998) を参考に作成したチェックリストを用いて、事前事後で評価した。チェックリストは 8 項目であり、5 件法（「1. ほとんどそうは思わない」「2. あまりそうは思わない」「3. どちらともいえない」「4. ややそう思う」「5. 非常にそう思う」）で回答を依頼した。

7. 信頼性

信頼性は、標的行動の生起の有無における著者（第一観察者）と A 幼稚園の主任（第二観察者）の記録間の一致率によって測定された。評価は選定された遊び活動スキルの記録の全体の約 20％を用いた。観察者間一致率は、（著者と第二観察者で一致した項目数）／（著者と第二観察者で一致した項目数と不一致した項目数の合計数）× 100 で算出した。その結果、3 つの遊び活動スキルにおける観察者間一致率は 78％であった。

Ⅲ. 結　果

1. 各遊び活動スキルの行動生起率と各行動の生起の有無

（1）ことしのぼたん

ことしのぼたんの結果を表 2 と図 4 に示した。BL 期での行動生起の割合は 45％から 73％の値を示した。「手をつないだ状態で歌を歌う」、「鬼と掛け合いのやり取りをする」、「鬼の姿を確認する（鬼の方を見る）」の行動の 3 つは全く生起していなかった。介入期における行動生起割合は 73％から 100％の値を示した。また、「手をつないで歌を歌う」、「鬼と掛け合いのやり取りをする」行動に関しても BL 期よりも多く生起した。

（2）I 字開戦

I 字開戦の結果を表 3 と図 5 に示した。6 月 19 日以前での行動生起割合は 17％から 83％の値を示した。「じゃんけんをする」、「勝敗に応じて進む・戻る」は

表2　ことしのぼたんにおける各標的行動の生起の有無

		5月15日			5月27日			介入導入	5月29日			6月3日			6月5日			6月13日		
		1	2	3	1	2	3		1	2	3	1	2	3	1	2	3	1	2	3
1	先生の呼びかけに応じる	■																		
2	先生の話を聞く（先生の方を見る）																			
3	隣の子と手をつなぐ	■																		
4	手をつないだ状態で円になる																			
5	手をつないだ状態で歌う	■	■	■	■	■	■		■	■	■	■	■	■	■				■	
6	手を離す																			
7	手を叩く					■	■													
8	鬼と掛け合いのやり取りをする	■	■	■					■	■	■	■	■	■		■		■	■	■
9	走る（スキップ）				■	■	■													
10	鬼の姿を確認する（鬼の方を見る）	■	■	■	■	■	■						■					■		
11	鬼から逃げる								■											

□は自発的に生起した、■は自発的に生起していないことを示している。

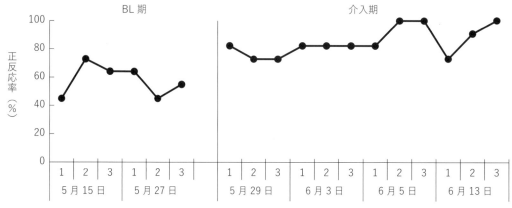

図4　ことしのぼたんにおける正反応率の推移

ほとんど生起していなかった。

著者と園長、担任との協議でBL期の手続きを継続することを決定した6月26日以後における行動生起割合は50%から100%の値を示した。勝敗理解に関しては担任の「～ちゃん勝ったから進んで」といった言語プロンプトが必要であることに変わりはなかったが、じゃんけん自体は、担任ではなくクラスメイトの言葉かけなどを弁別刺激として行動が生起することや、対象児自身が「じゃんけん」という言葉かけを自発的に発する行動が確認された。

（3）木鬼

木鬼の結果を、表4と図6に示した。BL期での行動生起の割合は33%から83%の値を示した。介入期における行動生起割合は50%から100%の値を示し、「鬼の姿を確認する（鬼の方を見る）」行動の生起が介入期では21回中14回見られるようになった。「近く

の木を見る」が自発的に生起していない際にも、「木の近くに走る」が生起していた点については、木鬼を一緒に行っているクラスメイトが木の方向に走る姿を見て、対象児も「木の近くに走る」を生起させていた。また「近くの木を見る」行動の生起も増加し、BL期では10回中3回の生起であったが、介入期では21回中16回生起した。

2．社会的スキルチェックリスト

チェックリストの結果を表5に示した。評価の結果、すべての質問項目において研究実施前よりも肯定的な評価が得られる結果となった。特に、「遊び中に他の子どもと話す」や「他の子どもとごっこ遊びをする」といったクラスメイトとの遊びの中での関わりの変化において高い評価を得た。

表 3　I 字開戦における各標的行動の生起の有無

		6月12日					6月19日			6月26日			7月8日					7月10日			7月17日		
		1	2	3	4	5	1	2	3	1	2	3	1	2	3	4	5	1	2	3	1	2	3
1	並んで待つ																	■					
2	線に沿って進む								■														
3	相手チームの子がいたら止まる								■														
4	両手で相手の子とタッチする								■						■								
5	じゃんけんをする	■	■	■	■	■	■		■		■		■		■		■		■				
6	勝敗に応じて進む・戻る	■	■	■	■	■	■		■	■	■	■	■	■	■	■	■	■		■		■	■	■

□は自発的に生起した、■は自発的に生起していないことを示している。

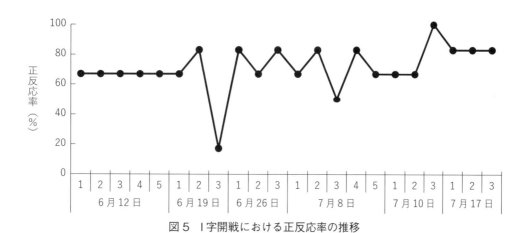

図 5　I 字開戦における正反応率の推移

表 4　木鬼における各標的行動の生起の有無

		9月18日					9月20日					介入導入	10月11日							10月18日							10月21日						
		1	2	3	4	5	1	2	3	4	5		1	2	3	4	5	6	7	1	2	3	4	5	6	7	1	2	3	4	5	6	7
1	先生の合図を聞く					■			■					■		■																	
2	鬼の姿を確認する（鬼の方を見る）	■	■	■	■	■	■	■	■	■	■		■		■		■		■	■			■	■		■		■	■		■		
3	鬼と違う方向に走る								■						■							■											■
4	近くの木を見る	■	■			■	■		■	■	■				■		■					■		■									■
5	木の方へ走る																																
6	木にタッチする																																

□は自発的に生起した、■は自発的に生起していないことを示している。

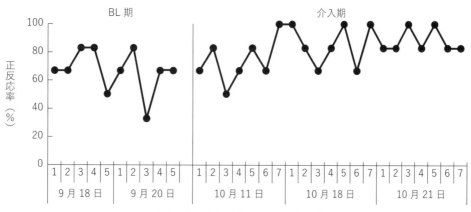

図 6　木鬼における正反応率の推移

表5　事前事後のチェックリスト得点

質問項目	事前	事後
遊び中に他の子どもと話す	2	4
遊び中に友達の手伝いを受け入れる	3	3
他の子どもとごっこ遊びをする	2	5
友達が遊んでいるところに入ることができる	3	4
自分から友達に会話を仕掛けることがある	2	4
遊び中に自分の順番を待つことができる	3	4
指示しなくても集団活動や遊びに参加する	3	4
友達を遊びに誘うことがある	2	3

Ⅳ．考　察

　本研究では、障害児支援に携わる専門家が子どもの支援に直接関与せず、可能な限り通常行われている活動をそのまま活用する支援を目的とした支援を検討した。その結果、各遊び活動スキルの行動生起率は上昇し、社会的スキルに関するチェックリストの得点が上昇した。

　まず、ことしのぼたんについて、BL期の段階では鬼の方を確認する行動は生起しなかったことから、鬼が弁別刺激として機能していない可能性が考えられた。介入期において、ヘアバンドを付けたことにより、鬼であることを示す視覚的な弁別刺激が機能し、鬼の方を確認する生起頻度が増加したと考えられる。また、直接介入を行わなかった「手をつないだ状態で歌う」、「鬼と掛け合いのやりとりをする」の生起がみられるようになった点については、下記のような可能性がある。本研究の介入により鬼の姿を確認し、逃げる行動が生起するようになったが、鬼から逃げるという行動は、ことしのぼたんという遊び活動の最後にあるため、強化子としての働きがあった可能性がある。活動の最後にある鬼から逃げるという行動が強化子として働くことで、活動全体への参加が促され、「手をつないだ状態で歌う」、「鬼と掛け合いのやりとりをする」の生起が増加したと考える。

　Ⅰ字開戦（どんじゃんけん）について、「じゃんけんをする」行動の生起には、担任やクラスメイトの「じゃんけん」という言葉かけが弁別刺激として機能していたと考えられる。また、じゃんけんをした後に必ず担任から「〜ちゃん戻って」「〜ちゃん勝ったよ」という言葉かけを行っていたが、「〜ちゃん戻って」「〜ちゃん勝ったよ」という言葉かけは、次の行動の生起の弁別刺激として働いただけではなく、対象児に

とって担任からの注目が強化子としても働き、活動参加の維持につながったと考えられる。また、Ⅰ字開戦（どんじゃんけん）では、対象児の在園する幼稚園の指導案に則った活動を継続した。その後、対象児の行動生起率は増加したことから、Ⅰ字開戦のように、個別の配慮が困難であると推測される遊び活動においては、活動に強化子となる刺激があれば、幼稚園で通常行われている活動に則った支援を継続することで、自然な学習機会によって学習が進み、標的行動の生起率が上昇していく場合もあることが示唆された。

　木鬼についても、ことしのぼたん同様、鬼の子どもが着けたヘアバンドの目印が弁別刺激になったことにより、鬼とは違う方向に走る行動頻度が増加したと考えられる。一方で、鬼に対して近づいていくという行動が生起する場面も見受けられた点に関しては、視覚的に鬼が弁別できるようになったことから、鬼の子どもからの注目が強化子として働き、鬼に近づくという行動の生起頻度が増加したと考えられる。

　ことしのぼたん、Ⅰ字開戦（どんじゃんけん）、木鬼の行動生起の割合の上昇は、定型発達児の正反応が見本として働き、対象児が模倣した可能性がある。例えば、「近くの木を見る」は生起していなかったが、木鬼を一緒に行っているクラスメイトが木の方向に走る姿を見て、対象児も「木の近くに走る」を生起させていた点などが挙げられる。先行研究においても、適切行動を促すために定型発達児をモデルとする要素が組み込まれている（Nelson et al., 2007）。このことから、個別指導だけではなく、定型発達児と同じ活動に参加することによって、障害児の適切行動が促されることもあることが示されたと考える。

　また、社会的スキルについて、本研究の対象児は、介入前は他児とのかかわりが少ないことが報告されていたが、介入後、社会的スキルに関するチェックリストにより、対象児の他児に対する社会的なかかわりが増加したことが確認できた。この結果は、Guralnick & Groom（1988）による障害のある子どもがそうでない子どもと遊ぶことで、社会的な相互作用が増加するという研究を支持することとなった。

　先行研究では、障害児支援に携わる専門家が自閉スペクトラム症児に直接支援を実施し、対象児に適した遊びを選定していた（Fujiwara & Sonoyama, 2018; Fujiwara & Sonoyama, 2019）。Fujiwara & Sonoyama（2018）、Fujiwara & Sonoyama（2019）は自閉スペクトラム症児を対象としており、本研究では知的障害のみの診断がある幼児といった対象の違い

はあるものの、本研究では障害児支援に携わる専門家が子どもの支援に直接関与しなかったため、幼稚園教諭だけで支援が可能であった。また、可能な限り通常行われている活動をそのまま活用する支援を実施しており、幼稚園教諭の負担やクラスメイトへの影響を最小限にして支援を実施した。このことは、支援の実施可能性と継続可能性を高めていると考える。

しかし、本研究にはいくつかの課題があった。第一に、本研究では従属変数の信頼性の算出を第一著者と主任で行ったが、観察者間一致率は78％と低い値であった。この点については、主任が行動観察に熟達していなかったためである可能性がある。行動観察に熟達した第二観察者を用意し、当該幼稚園に通い行動観察を行うことが望まれたが、困難であった。また、動画記録を残すことも、クラスメイトが映るため、倫理的に困難であった。Fujiwara & Sonoyama（2022）においても、外部観察者が標的行動の測定をする機会が制限されていることを指摘している。今後は、行動観察に熟達した2名で行動観察を実施し、従属変数を算出する必要がある。第二に、本研究ではフォローアップ期の設定をしていなかった点である。支援の継続可能性を検討していくためにはフォローアップ期の設定が必要であった。第三に、他児とのかかわりの増加について、社会的スキルに関するチェックリストのみでしか検討できなかった。先行研究では、直接観察によって、対象児とクラスメイトとの社会的かかわりを測定している（Fujiwara & Sonoyama, 2018）。今後、直接観察による方法で、社会的かかわりを測定する必要があると考える。第四に、Fujiwara & Sonoyama（2018）、Fujiwara & Sonoyama（2019）は自閉スペクトラム症児を対象としていたが、本研究では、知的障害の診断のみの幼児であった。今後は、自閉スペクトラム症が併存した知的障害児に対しても、障害児支援に携わる専門家が子どもの支援に直接関与せず、可能な限り幼稚園で通常行われている活動を変更しない支援によって、遊び活動スキルの習得や社会的スキルの向上が可能かを検討してく必要がある。

本研究では、障害児支援に携わる専門家が子どもの支援に直接関与せず、可能な限り通常行われている活動をそのまま活用する支援によって、対象児の遊び活動スキルの正反応率が上昇することを示した。

本研究においては、著者らが遊び活動の課題分析、およびABC分析を行い、介入内容を対象児の担任との協議により決定するという手続きをとった。そのため、実際に幼稚園や保育園の支援者自身が主体となっ

て本研究の手続きを実施する場合、課題分析やABC分析に関する知識や技術が必要になる。今後、幼稚園教諭、保育者自身で課題分析やABC分析を行える方が良いのかも含めて、適用可能性を高める手立てを考えていく必要があると考える。

付記：本研究は第一著者が令和元年度筑波大学大学院人間総合科学研究科へ提出した修士論文を加筆・修正したものである。

謝辞：本研究にご協力いただきました参加児と保護者の方に深く感謝申し上げます。

〈文　献〉

Coplan, R. J. & Rubin, K. H.（1998）Exploring and assessing nonsocial play in the preschool: The development and validation of the preschool play behavior scale. Social development, 7, 72-91.

藤原あや・園山繁樹（2018）認定こども園における自閉スペクトラム症児に対する社会的遊びの支援—遊びの選定方法と支援の効果の検討. 自閉症スペクトラム研究, 15, 25-35.

Fujiwara, A. & Sonoyama, S.（2018）The effects of selection and intervention in social play based on an ecological assessment of a child with autism spectrum disorder at a kindergarten. Journal of Special Education Research, 7, 47-56.

Fujiwara, A. & Sonoyama, S.（2019）Promoting social play based on ecological assessment and social play selection conditions of a child with autism spectrum disorder in an inclusive early childhood classroom. Education and Training in Autism and Developmental Disabilities, 54, 288-300.

Fujiwara, A. & Sonoyama, S.（2022）Children's social interaction in pre-school education and childcare settings: A systematic review. Child & Youth Care Forum, 52, 1197-1223.

Guralnick, M. J. & Groom, J. M.（1988）Peer interactions in mainstreamed and specialized classroom: A comparative analysis. Exceptional Children, 54, 415-425.

原口英之・野呂文行・神山　努（2015）幼稚園における特別な配慮を要する子どもへの支援の実態と課題—障害の診断の有無による支援の比較. 障害科学研究, 39, 27-35.

金山元春・金山佐喜子・磯部美良他（2011）幼児用社会的スキル尺度（保育者評定版）の開発. カウンセリング研究, 44, 216-226.

真鍋　健（2013）保育者が障害幼児の支援計画を作成・展開させる際に必要となる仕掛けとは？　発達研究：発達科学研究教育センター紀要, 27, 81-93.

Miltenberger, R. G.（2001）Behavior Modification: Principles and Procedures (2nd Edition). Wadsworth.（園山繁樹・野呂文行・渡部匡隆他訳（2006）行動変容法入門. 二弊社.）

文部科学省（2017）幼稚園教育要領. フレーベル館.

森　正樹・林恵津子（2012）障害児保育巡回相談におけるコンサルテーションの現状と課題―幼稚園・保育所における専門職の活動状況から. 埼玉県立大学紀要, 14, 27-34.

Nelson, C., Nelson, A. R., McDoneell, A. P. et al.（2007）Keys to play: A strategy to increase the social interactions of young children with autism and their typically developing peers. Education and Training in Developmental Disabilities, 42, 165-181.

Pretti-Frontczak, K. & Bricker, D.（2004）An Activity-Based Approach to Early Intervention (3rd Edition). Brookes.（七木田淳・山根正夫監訳（2011）子どものニーズに応じた保育―活動に根ざした介入. 二弊社.）

佐久間庸子・田部絢子・高橋　智（2011）幼稚園における特別支援教育の現状―全国公立幼稚園調査からみた特別な配慮を要する幼児の実態と支援の課題. 東京学芸大学紀要. 総合教育科学系, 62, 153-173.

The Japanese Journal of Autistic Spectrum 2024, Vol.21-2, 41-45

実践報告

親子入院による療育プログラムが就学前の自閉スペクトラム症の子ども達の保護者に与える効果
——離島を多く抱える長崎県での取り組み——

Parent-child hospitalized rehabilitation program for families of children with autism spectrum disorder in Nagasaki Prefecture's remote islands

井上　大嗣（長崎県立こども医療福祉センター）

Daishi Inoue（*Nagasaki Prefectural Center of the Handicapped Children*）

■**要旨**：当センターは、就学前の自閉スペクトラム症の子ども達とその保護者に対して、1週間の親子入院を反復することによる療育プログラム（通称：「めだか入院」）を実施している。「めだか入院」は、離島を多く抱える長崎県において、療育施設のない離島の子ども達に対しても療育を提供する目的で10年間以上継続して実施されており、同様の事情を抱えた地方のモデルになりうると考える。本研究では、療育プログラムの内容を紹介すると共に、療育プログラムが子ども達と保護者に与える効果に関してアンケート調査の結果をもとに考察する。

■**キーワード**：自閉スペクトラム症、就学前、親子入院、療育プログラム

Ⅰ．問題と目的

　自閉スペクトラム症の子ども達は学童期に問題が顕在化してくることが多いが、学校教育の場で問題が顕在化した時にはすでに心身症や不登校などの二次的な不適応の状態であることが少なくない。二次的な不適応を予防するためには、遅くとも就学時には、保護者に子どもの発達特性に対する認識とその対処方法が備わった状態であることが望まれる（渡邊・菊池, 2020）。

　就学前の発達障害のスクリーニングの目的で、3歳時健診、5歳児健診（厚生労働省, 2007）などでの発達相談が広く行われている。就学前の発達障害のスクリーニングの目的は、子どもの発達特性に対する保護者の気づきを促しながら、支援体制を構築していくことにある。発達障害が疑われた後に、就学までをどのように過ごしながら支援体制を構築し、どのように教育機関へ橋渡しをしてゆくかが、就学前の発達障害の子ども達を支援していけるかどうかの鍵である。

　就学前の発達障害の子ども達の支援のためには、保護者支援も含めた療育・支援体制が構築されることが望まれる。しかし、各地域が抱える課題はさまざまであり、試行錯誤をしながら取り組んでいるのが現状である。

　長崎県立こども医療福祉センター（以下、当センター）は、長崎県立の医療機関としてすべての障害のある子ども達を対象とした県下の拠点的な施設としての役割を担っている。長崎県は周囲を海に囲まれ、地形が非常に複雑に入り組んでいるために、療育・支援体制のシステムへのアクセスに困難を伴う地域が多い。当センターは県下の拠点的な施設としての役割の一つとして、地域での健診・相談で自閉スペクトラム症が疑われた子どものうち、保護者支援も含めて重点的な支援を必要とする子どもに対して、親子入院による療育プログラムを実施している。

　親子入院は、子どもと保護者が一緒に入院して短期集中リハビリテーションに取り組むことを目的とした入院形態であり、入院期間中に多職種が集中的に子どもと保護者に関わっていける点、保護者が子どもと1対1で関わる時間を確保しやすい点などが特長として挙げられる。当センターはさまざまな疾患の子ども達に対して親子入院による療育を実施しており、当センターの親子入院は、入院期間を1～2週間の短期間に設定し、約1～3カ月の間隔で親子入院を反復することで、段階的に療育を進めていくことを特徴としている。その取り組みの中で、就学前の自閉スペクトラム症の子ども達とその保護者に対しても、集団行動の練習、講義による保護者教育などを含めた1週間の短期

入院による療育プログラム（通称：めだか入院）を、期間を設定して年3〜4回実施している。

本研究では、地域の療育・支援体制システムの一つとして当センターが実施している「めだか入院」の取り組みを報告すると共に、「めだか入院」の利用の前後でアンケート調査を行った結果を考察も含めて述べていく。

Ⅱ．方　法

1.「めだか入院」の利用者

自閉スペクトラム症の子どもを対象としており、2019年度に当センター「めだか入院」を利用した子どもは、延べ人数18人、1回の「めだか入院」で1〜3人、平均2.6人の利用があった。年齢の幅は3〜6歳、利用回数は1〜11回、平均3.9回であった。また、居住地域は離島が約4割を占めていた。

2. 療育プログラム

（1）一日の流れ

入院中は、毎朝6時50分に起床、7時半に朝食開始としている。9時から約1時間の個別療法（作業療法）を実施し、その後、10時40分から集団保育を行っている。昼食は11時50分から療育参加者全員が同じ部屋で食事を摂るように設定し、食事場面に看護師、作業療法士も同席することで実際の食事場面を観察しながら必要時に介入を行う。また、13時15分から14時には医師の指示があれば言語療法、発達検査（言語コミュニケーション発達スケール、質問−応答検査、新版K式、WISC-Ⅳなど）を実施できる時間帯を設けており、火・水・木曜には、14時から保護者対象のミニ講話を開いている。15時から15時40分には集団療育を実施し、入浴後に18時から夕食開始、20時には子どもは寝るようにしている（表1）。

（2）病棟・スタッフ

親子棟は一般病棟から独立しており、病室は個室が5床。病棟にデイルームがあり、空き時間にはここで利用者間の交流ができるよう開放している。スタッフは専任看護師が2人。看護師以外は専任ではなく、当センター常勤の作業療法士、言語聴覚士、栄養士、保育士、心理士、保健師が随時対応する。

（3）活動内容

①個別療法

当センター常勤の作業療法士が対応し、個別での目標、保護者の困り感に沿って、マンツーマンで個別作業療法を実施している。個別作業療法の具体的な活動内容を挙げると、感覚過敏を認める子どもに対しては、過敏性を軽減させることを目的として、マッサージや感触グッズを取り出す遊び、吹く遊びなどに取り組んだり、感覚運動面を高めることを目的としてトランポリンやボールプールなどを利用した活動をしている。

②摂食指導

当センター常勤の作業療法士、言語聴覚士、栄養士、看護師が対応し、学校給食の場で困らないようにする準備として、集団生活の中で着席して食事が摂れるようになること、色々な食べ物に慣れ親しむこと、などを目標としている。食事場面に作業療法士、言語聴覚士が同席して、実際の様子を観察することで、子どもに望ましい環境調整を検討しながら摂食指導を実施している。摂食指導の具体例としては、口腔内過敏による偏食がある子どもに対しては、まずは食事を楽しむこと、他の子どもや母親の真似をして食べる意欲を育てることを目的として、保護者に対して「伝える言葉を簡単にする」「実際にやって見せてみる」「自分の手（スプーンやフォーク）で、自分の意思で口に入れるまで見守る」などのアドバイスを実施したうえで、食事場面で保護者に実践をしてもらうなどの活動を行っている。

③ミニ講話

当センター常勤の心理士、保育士が対応している。内容は、ペアレントトレーニングや認知行動療法（肯定的注目、25％ルール（「25％できたらほめる」とい

表1　めだか入院日課表

時刻	内容
6:50	起床
7:30	朝食
9:00〜10:00	個別療法（作業療法）
10:40〜11:45	保育
11:50〜	昼食・摂食指導
13:15〜14:00	言語療法・発達検査（指示がある場合）
14:00〜	ミニ講話（火・水・木曜のみ）
14:30	おやつ
15:00〜15:40	集団療法
18:00	夕食
20:00	消灯（こども）
22:00	消灯（保護者）

うルール）、ABC 分析など）に関するものや、集団保育で実施している活動の目的を説明するものなど、多岐にわたっており、参加メンバーの入院回数、困り感などに応じて内容を調整している。めだか入院を複数回利用している保護者がいる際には、保護者の同意が得られれば、他の利用者に対して先輩としての経験談を話してもらうなどの取り組みも実施している。

④集団療育

当センター常勤の作業療法士、保育士、看護師が対応している。日常生活動作の確認や心身の発達促進、保護者支援（対応や特性理解などの支援）、グループ活動を通して対人意識・対人関係能力を高めて集団生活への適応を促すことを目的としてプログラムを設定している。

保護者が子ども達への関わり方を学んで理解を深めていけるように親子での参加を原則とし、参加する親子数組が一緒に活動して、お集まり、順番待ち、協力遊び、自由遊びなどの集団活動を実施している。

3．アンケート調査

2019 年度に当センター「めだか入院」を利用した子どもと保護者を対象とし、入院前後で保護者に対して紙面（自由記述形式）・口頭（一部）によるアンケート調査を実施した。全文章を内容の類似したものをカテゴリ化して分類し、その内容を示すカテゴリ名を付けた。回答の具体的内容は、本文では「　」で区切って表記した。

本研究では個人情報を含む情報保護のため、診療の一環として実施したアンケート調査の結果を、連結不可能匿名化を行った後に用いた。本研究は長崎県立こども医療福祉センター倫理審査委員会の承認を得ており、入院時に書面でインフォームドコンセントを得ている。

Ⅲ．結　果

1．アンケート結果

（1）親が困っていること・望むこと

総意見数は 23 件で、内容の類似したものを〈言語・コミュニケーション〉〈食事・摂食〉〈その他〉の 3 つのカテゴリに分類した。その結果、約 48％を占める 11 件が〈言語・コミュニケーション〉に関するもので、「言葉がもっと出てくるような関わり方を知りたい」「人との関わりが上手にできるようになってほし

い」などの意見があった。また、〈食事・摂食〉、〈その他〉に関しては、「食事を座って食べられるようになってほしい」「進学に向けての考え方や対応を相談したい」「今よりできることを増やしたいので、やり方のヒントを教えてもらいたい」などの意見があった（表 2）。

（2）利用者の感想

総意見数は 28 件で、内容の類似したものを〈成長〉〈アドバイス・安心〉〈その他〉の 3 つのカテゴリに分類した。その結果、約 43％を占める 12 件が〈成

表 2　親が困っていること・望むこと

カテゴリ	延べ数	代表的な意見（件数）
言語・コミュニケーション	11	・人との関わりが上手にできるようになってほしい。（4） ・言葉がもっと出てくるような関わり方を知りたい。（2）
食事・摂食	4	・食事を座って食べられるようになってほしい。（3） ・偏食も改善してくれればと思っている。
その他	8	・進学に向けての考え方や対応を相談したい。（2） ・癇癪を起こす回数が少しでも減少し、落ち着いて過ごす時間が増えてほしい。

表 3　利用者の感想

カテゴリ	延べ数	具体的な意見
成長	12	・前回に比べ、指示が通るようになっている。 ・自分がついていなくても活動に参加できていた。 ・怒った理由を伝えることができるようになった。
アドバイス・安心	8	・自分がやっていることがいいのかと不安だったが、大丈夫と思えてよかった。 ・今後、やっていかなければならない課題が見つかってよかった。 ・親として学べること、アドバイスもたくさん頂いたので、試してみたいと思う。 ・先輩方の体験談で自分も先をみて頑張ろうと思った。
その他	8	・見学に来た保育園の先生も、笑顔が多いのにびっくりしていた。 ・後半に疲れがきていて、ここで始めて友達に手を出し、食事を残していた。

長〉に関するもので、「前回に比べ、指示が通るようになっている」「怒った理由を伝えることができるようになりました」などの意見があった。また、〈アドバイス・安心〉に関するものが約29%を占める8件あり、「親として学べること、アドバイスもたくさん頂いたので、試してみたいと思います」などの意見があった（表3）。

Ⅳ．考　察

　当センターで実施している、就学前の自閉スペクトラム症の子ども達とその保護者を対象とした親子入院による療育プログラムの内容、および、アンケート調査（自由記述）の結果を報告した。

　親が困っていること・望むことに関する調査では〈言語・コミュニケーション〉に分類されるものが多く、集団生活での子どもの困り感に関する保護者の不安は大きいものと推測された。その一方、利用者の感想では「自分がやっていることがいいのかと不安だったが、大丈夫と思えてよかった」「今後、やっていかなければならない課題が見つかってよかった」など〈アドバイス・安心〉に分類されたものを多く認めている。発達障害の子どもをもつ保護者の育児不安や発達上の心配に関する先行研究においては、発達障害の子どもをもたない保護者より、発達障害が疑われる子どもの保護者の方が育児不安や発達上の心配を持つ割合が高い結果が得られており（庄司，2007）、「めだか入院」によって保護者の不安が和らいでいる可能性を示唆しているものと考える。

　一般的には、療育を通院ではなく親子入院で実施することのメリットは、療法士による集中訓練ができること、保護者が家庭よりも子どもにかかわる時間が増えること、訓練の時間以外に訓練の時に実施したことを繰り返し実践できること、子どもの変化を保護者が実感して家庭療育に結びつけることができること、にあるとされている。（朝貝，2013）本研究の結果から、「めだか入院」のメリットとして、他に3点を挙げることができると考えている。

　1点目は、入院形式とすることで、居住地域に関係なく、一定の質の療育的サポートを集中的に実施することが可能となる点である。このメリットは地域の療育・支援体制システムへのアクセス面の課題を抱える地域にとって重要であり、めだか入院の利用者のうち離島に居住している者が約4割を占める点からも示唆

される。

　2点目は、複数の自閉スペクトラム症の子どもと、その保護者達が共に入院生活を送ることによって、ピアカウンセリングの効果が期待される点である。当センター「めだか入院」では、利用者全員が一緒に活動に取り組み、空き時間に利用者間の交流ができるようにデイルームを開放している。利用者の感想では〈アドバイス・安心〉に分類されたものが多く、保護者の感想に「先輩方の体験談で自分も先をみて頑張ろうと思った」という記載があった。これらの点から、ピアカウンセリングの側面が保護者の精神面に良い影響を与えているのではないかと考えられる。

　3点目は、入院という構造化された環境下でさまざまな専門職が集中的に介入することによって、医療機関と保護者との信頼関係が構築されやすくなる点である。医療機関での療育は、構造化された環境で課題に取り組む子どもの姿を保護者が観察する場を提供することで、子どもに対する保護者の理解を促していく一方、医療機関と保護者の信頼関係を構築し、保護者の不安を和らげていくことも目的の一つとしている。本研究では、利用者の感想で「自分がやっていることがいいのかと不安だったが、大丈夫と思えてよかった」「親として学べること、アドバイスもたくさん頂いたので、試してみたいと思う」など〈アドバイス・安心〉に分類されたものが多く認められた。

　一方で、「めだか入院」のデメリットとしては、親子入院を実施している施設が少ない点、子どもが一時的にせよ生活環境から切り離される点、母親が家庭から離れてしまう点などが挙げられる。交通網の発達している地域では、毎日通院すれば親子入院は必要ないとの考え方もあり、一般的には親子入院の取り組みに関しては意見が分かれるとされている（朝貝，2013）。

Ⅴ．本研究の限界と今後の課題

　本研究では、地域の療育・支援体制システムの一つとして当センターが実施している、就学前の自閉スペクトラム症の子ども達とその保護者に対する親子入院による療育プログラムに関して報告した。本研究は、アンケート調査を用いているため効果を客観的な指標として示せていない点に限界がある。また、現在はほとんどの療育施設が通所を前提にサービスを提供しており、医療が療育を担う当センター親子入院の取り組みは社会的な流れとは異なっている。しかし、「めだ

か入院」は、離島を多く抱える長崎県において、療育施設のない離島の子ども達に対しても短時間で集中的に療育を提供することができる取り組みとして 10 年間以上継続して実施されており、同様の事情を抱えた地方にも良いモデルになりうると考える。

　今後も各地域で、地域ごとの課題に合わせた工夫をしながら、発達障害の子ども達のための重層的な療育・支援体制を構築していくことが望ましいと考える。

〈文　献〉

朝貝芳美（2013）利用者へのアンケート調査による親子入所の意義. The Japanese Journal of Rehabilitation Medicine, 50, 649-53.

厚生労働省（2007）第三章　健診・発達相談等の実際　第 1 節　5 歳児健康診査, https://www.mhlw.go.jp/bunya/kodomo/boshi-hoken07/h7_03a.html（2023 年 9 月 18 日閲覧）.

庄司妃佐（2007）軽度発達障害が早期に疑われる子どもをもつ親の育児不安調査. 発達障害研究, 29(5), 349-358.

渡邊香織・菊池春樹（2020）就学移行期の発達障害児の親の心理的特徴—就学後の変化に着目して. 東京成徳大学臨床心理学研究, 20, 38-34

『自閉症スペクトラム研究』編集規程および投稿規程 (2022年3月26日改定)

編集規程

1. 本誌は日本自閉症スペクトラム学会の機関誌であり、医療、教育、福祉、司法など分野を問わず、自閉症スペクトラムに関連する領域の支援者にとって有用で質の高い情報を提供するものである。論文種別は、自閉症スペクトラムおよび関連領域の原著論文、総説、実践研究、資料、実践報告、調査報告である。なお、原著論文とは理論、臨床、事例、実験、調査などに関するオリジナリティの高い研究論文をいう。
2. 投稿の資格は本学会会員に限る。ただし、最終著者を除く共著者、および常任編集委員会による依頼原稿についてはその限りではない。
3. 投稿原稿は未公刊のものに限る。
4. 原稿掲載の採否および掲載順は編集委員会で決定する。編集にあたり、論文の種別の変更、および字句や図表などの修正を行うことがある。
5. 投稿規程に示した枚数を超過したもの、写真、色刷り図版など、印刷に特に費用を要するものは著者の負担とする。
6. 本誌に掲載された論文などの著作権は本学会に属する。
7. 実践内容や事例の記述に際しては、匿名性に十分配慮すること。
8. 研究は倫理基準に則り、対象者にインフォームド・コンセントを得るとともに、その旨を論文中に明示すること。
9. 当事者や家族などの近親者からの投稿について、研究発表の権利を保障するとともに、対象者の人権やプライバシーなどへの対処が必要とされる場合には、常任編集委員会で検討を行い、会長が判断する。

投稿規程

1. 原稿は原則としてワードプロセッサーを用い、A4用紙1,200字に印字し、通しページを記す。本文・文献・図表・要旨をすべて含めた論文の刷り上がりは、8頁(約16,000字)を上限とする。
2. 投稿の際は、元原稿とコピー3部に投稿票(投稿1)。著者全員の投稿承諾書(投稿2)を添えて提出すること。掲載決定後、テキスト形式で本文と図表(写真含む)を入れた電子媒体(CD-R、他)を提出する。原稿は原則として返却しない。
3. 原稿の句点は(。)、読点は(、)を用いる。
4. 図表は1枚ずつ裏に番号と天地を記し、図表の説明文は別の用紙に一括する。図表の挿入箇所は本文の欄外に、図○、表○と朱書きする。
5. 外国の人名、地名などの固有名詞は原則として原語を用いる。
6. 本文の冒頭に、和文要旨(624字以内)を記載する。調査報告、実践報告以外の投稿区分においては和文要旨に加えて英文要旨と和訳を別の用紙に記載する。本文は、原則として、問題の所在および目的、方法、結果、考察、結論、文献の順に並べ、最後に表、図、図表の説明文を付す。
7. 本文中に引用されたすべての文献を、本文の最後に著者のアルファベット順に並べ、本文中には著者名と年号によって引用を表示する。
   文献欄の表記の形式は、雑誌の場合は、「著者名(発行年)題名. 雑誌名, 巻数(号数), 開始ページ-終了ページ.」とし、単行本等からの部分的な引用の場合は、「引用部分の著者名(発行年)引用部分の題名. 図書の著者名, または編者名(編)書名. 発行社名, 最初のページ-最終ページ.」とする。
   インターネット上の情報の引用はできるだけ避け、同一の資料が紙媒体でも存在する場合は、紙媒体のものを出典とすることを原則とする。ただし、インターネット上の情報を引用する場合には、その出典を明記するとともに、Web上からの削除が予想されるので、必ずコピーをとって保管し、編集委員会からの請求があった場合、速やかに提出できるようにする。インターネット上の情報の引用は著者名(西暦年)資料題名. サイト名, アップロード日, URL(資料にアクセスした日)とする。
   本文中の引用では、筆者の姓、出版年を明記する。著者が2名の場合は、著者名の間に、和文では「・」を、欧文では「&」を入れる。3名以上の場合は、筆頭著者の姓を書き、その他の著者名は「ら」(欧語の場合 "et al.")と略す。カッコ中に引用を列挙する場合は、引用順を文献欄の順に準ずる。

   ■文献欄の表記の例
   和文雑誌:
   中根 晃(2000)高機能自閉症の治療と学校精神保健からみた診断困難例. 臨床精神医学, 29, 501-506.
   欧文雑誌:
   Klin, A., Volkmar, F. R., Sparrow, S. S. et al. (1995) Validity and neuropsychological characterization of asperger syndrome: Convergence with nonverbal learning disabilities syndrome. Journal of Child Psychology and Psychiatry, 36, 1127-1140.
   訳書のある欧文図書:
   Ornitz, E. M. (1989) Autism at the interface between sensory and information processing. In Dawson, G. (Ed.) Autism: Nature, Diagnosis, and Treatment. The Guilford Press, pp.174-207. (野村東助・清水康夫監訳(1994)自閉症—その本態, 診断および治療. 日本文化科学社, pp.159-188.)

インターネットの資料：
中央教育審議会（2012）共生社会の形成に向けたインクルーシブ教育システム構築のための特別支援教育の推進（報告）．文部科学省，2012年7月23日，http://www.mext.go.jp/b_menu/shingi/chukyo/chukyo3/044/attach/1321669.htm（2020年6月15日閲覧）．
The Japanese Association of Special Education（2010）Organization. The Japanese Association of Special Education, January 28, 2010, http://www.jase.jp/eng/organization.html（Retrieved October 9, 2010）．

■本文中の引用の例
…と報告されている（Bauman & Kemper, 1985 ; Dawson et al., 2002）。
吉田・佐藤（1996）および、中山ら（2002）によれば、…

8. 印刷の体裁は常任編集委員会に一任する。
9. 原稿送付先　〒112-0005　東京都文京区水道 1-5-16　升本ビル
　　　　　　　金剛出版　「自閉症スペクトラム研究」編集部
　　　　　　　（電話 03-3815-6661　FAX 03-3818-6848　e-mail : ttateishi@kongoshuppan.co.jp）

「自閉症スペクトラム研究」投稿票

論文の種類：下記の中からひとつを選び、〇で囲む

原著論文　　総説　　実践研究　　資料　　実践報告　　調査報告

その他（　　　　　　　　　　　　）

論文の題名：＿＿＿＿＿＿＿＿＿＿＿＿＿＿＿＿＿＿＿＿＿＿＿＿＿＿＿＿＿＿＿＿＿

＿＿＿＿＿＿＿＿＿＿＿＿＿＿＿＿＿＿＿＿＿＿＿＿＿＿＿＿＿＿＿＿＿

＿＿＿＿＿＿＿＿＿＿＿＿＿＿＿＿＿＿＿＿＿＿＿＿＿＿＿＿＿＿＿＿＿

（英訳）：＿＿＿＿＿＿＿＿＿＿＿＿＿＿＿＿＿＿＿＿＿＿＿＿＿＿＿＿＿＿＿＿＿

＿＿＿＿＿＿＿＿＿＿＿＿＿＿＿＿＿＿＿＿＿＿＿＿＿＿＿＿＿＿＿＿＿

＿＿＿＿＿＿＿＿＿＿＿＿＿＿＿＿＿＿＿＿＿＿＿＿＿＿＿＿＿＿＿＿＿

＿＿＿＿＿＿＿＿＿＿＿＿＿＿＿＿＿＿＿＿＿＿＿＿＿＿＿＿＿＿＿＿＿

筆頭著者氏名：＿＿＿＿＿＿＿＿＿＿＿＿＿　　**所属**：＿＿＿＿＿＿＿＿＿＿＿＿＿＿＿

（英訳）：氏　名＿＿＿＿＿＿＿＿＿＿＿

　　　　所　属＿＿＿＿＿＿＿＿＿＿＿＿＿＿＿＿＿＿＿＿＿＿＿＿＿＿＿＿＿

共著者氏名　：＿＿＿＿＿＿＿＿＿＿＿＿＿　　**所属**：＿＿＿＿＿＿＿＿＿＿＿＿＿＿＿

（英訳）：氏　名＿＿＿＿＿＿＿＿＿＿＿

　　　　所　属＿＿＿＿＿＿＿＿＿＿＿＿＿＿＿＿＿＿＿＿＿＿＿＿＿＿＿＿＿

共著者氏名　：＿＿＿＿＿＿＿＿＿＿＿＿＿　　**所属**：＿＿＿＿＿＿＿＿＿＿＿＿＿＿＿

（英訳）：氏　名＿＿＿＿＿＿＿＿＿＿＿

　　　　所　属＿＿＿＿＿＿＿＿＿＿＿＿＿＿＿＿＿＿＿＿＿＿＿＿＿＿＿＿＿

共著者氏名　：＿＿＿＿＿＿＿＿＿＿＿＿＿　　**所属**：＿＿＿＿＿＿＿＿＿＿＿＿＿＿＿

（英訳）：氏　名＿＿＿＿＿＿＿＿＿＿＿

　　　　所　属＿＿＿＿＿＿＿＿＿＿＿＿＿＿＿＿＿＿＿＿＿＿＿＿＿＿＿＿＿

（足りない場合は別紙を使用する）

第1著者の住所：〒＿＿＿＿＿＿＿＿＿＿＿＿＿＿＿＿＿＿＿＿＿＿＿＿＿＿＿＿＿＿＿

いずれかに〇印を付ける（**自宅・勤務先**）

TEL＿＿＿＿＿＿＿＿＿＿＿　　FAX＿＿＿＿＿＿＿＿＿＿＿

e-mail＿＿＿＿＿＿＿＿＿＿＿＿＿＿＿＿＿＿＿＿＿＿＿

キーワード（3〜5語）：

（和文） ①＿＿＿＿＿＿＿＿＿＿＿　②＿＿＿＿＿＿＿＿＿＿＿　③＿＿＿＿＿＿＿＿＿＿＿

④＿＿＿＿＿＿＿＿＿＿＿　⑤＿＿＿＿＿＿＿＿＿＿＿

（英訳） ①＿＿＿＿＿＿＿＿＿＿＿＿＿＿＿　②＿＿＿＿＿＿＿＿＿＿＿＿＿＿＿

③＿＿＿＿＿＿＿＿＿＿＿＿＿＿＿　④＿＿＿＿＿＿＿＿＿＿＿＿＿＿＿

⑤＿＿＿＿＿＿＿＿＿＿＿＿＿＿＿

投 稿 承 諾 書

　下記の論文を「自閉症スペクトラム研究」に投稿いたします。本論文が掲載された場合、その著作権は日本自閉症スペクトラム学会に帰属することを承認いたします。なお、本論文は他紙に掲載済みのもの、あるいは掲載予定のものではありません。

筆頭著者：氏　名＿＿＿＿＿＿＿＿＿＿＿＿＿＿＿㊞
　　　　　所　属＿＿＿＿＿＿＿＿＿＿＿＿＿＿＿＿＿＿＿＿＿

論文の題名：＿＿＿＿＿＿＿＿＿＿＿＿＿＿＿＿＿＿＿＿＿＿＿＿＿＿＿＿＿＿＿＿＿＿＿

　　　　　　＿＿＿＿＿＿＿＿＿＿＿＿＿＿＿＿＿＿＿＿＿＿＿＿＿＿＿＿＿＿＿＿＿＿＿

共　著　者：氏　名＿＿＿＿＿＿＿＿＿＿＿＿＿＿＿㊞
　　　　　所　属＿＿＿＿＿＿＿＿＿＿＿＿＿＿＿＿＿＿＿＿＿

共　著　者：氏　名＿＿＿＿＿＿＿＿＿＿＿＿＿＿＿㊞
　　　　　所　属＿＿＿＿＿＿＿＿＿＿＿＿＿＿＿＿＿＿＿＿＿

共　著　者：氏　名＿＿＿＿＿＿＿＿＿＿＿＿＿＿＿㊞
　　　　　所　属＿＿＿＿＿＿＿＿＿＿＿＿＿＿＿＿＿＿＿＿＿

共　著　者：氏　名＿＿＿＿＿＿＿＿＿＿＿＿＿＿＿㊞
　　　　　所　属＿＿＿＿＿＿＿＿＿＿＿＿＿＿＿＿＿＿＿＿＿

共　著　者：氏　名＿＿＿＿＿＿＿＿＿＿＿＿＿＿＿㊞
　　　　　所　属＿＿＿＿＿＿＿＿＿＿＿＿＿＿＿＿＿＿＿＿＿

共　著　者：氏　名＿＿＿＿＿＿＿＿＿＿＿＿＿＿＿㊞
　　　　　所　属＿＿＿＿＿＿＿＿＿＿＿＿＿＿＿＿＿＿＿＿＿

共　著　者：氏　名＿＿＿＿＿＿＿＿＿＿＿＿＿＿＿㊞
　　　　　所　属＿＿＿＿＿＿＿＿＿＿＿＿＿＿＿＿＿＿＿＿＿

＿＿＿＿＿年＿＿＿＿＿月＿＿＿＿＿日　提出

投稿論文の作成の手引き

1. 投稿された原稿は、査読の上で掲載の可否を決定する。また、掲載順は編集委員会が決定する。原稿の内容・表現の仕方などについて、専門家による校閲が行われるため、投稿者による検討により多少の変更が生じる場合がある。

2. 原稿は、ワードプロセッサーで作成するものとし、A4 版横書きで作成する。本文の 1 ページ内の書式は 24 字 × 45 行 × 2 段（明朝体、欧文綴りや数字は半角）とする。ただし、表題入りページは下図のようにする。句読点は「、」「。」を使用する。原稿には通しページをつける。

3. 論文の分量は、原則として刷り上がり 8 ページ（図表、参考文献も含む）を上限とする。

4. 原稿の最初のページの表題部分は、①題目（ゴシック体 15 ポイント）、②著者名（ゴシック体 9 ポイント）、③所属（ゴシック体 9 ポイント）を日本語で記載する。また、①〜③についての英語表記（欧文書体 8 ポイント）を記載する。

5. 表題の下の『要旨』は 624 文字以内で記載し、またその下の『キーワード』は 3 〜 5 語で記載する。

6. 見出し（ゴシック体 11 ポイント）と小見出し（ゴシック体 9 ポイント）には、段落番号を以下の順番で振る。下位の段落番号は必要に応じて使用する。

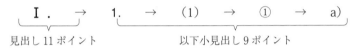

　　　　　Ⅰ．　→　　1.　→　（1）　→　①　→　a）

　　見出し 11 ポイント　　　　　以下小見出し 9 ポイント

7. 挿図がある場合は、図中の文字や数字が直接印刷できるように鮮明に作成する。図や表にはそれぞれに通し番号とタイトルをつけ、本文とは別に番号順に一括する。

　　例：表 1 ◇◇◇◇（表の上に記載　8 ポイント　ゴシック体　表の幅で中央揃え）
　　　　図 1 ◇◇◇◇（図の下に記載　8 ポイント　ゴシック体　図の幅で中央揃え）

8. 文献は、本文に用いられたもののみをあげ、著者のアルファベット順に本文の最後に一括記載する。

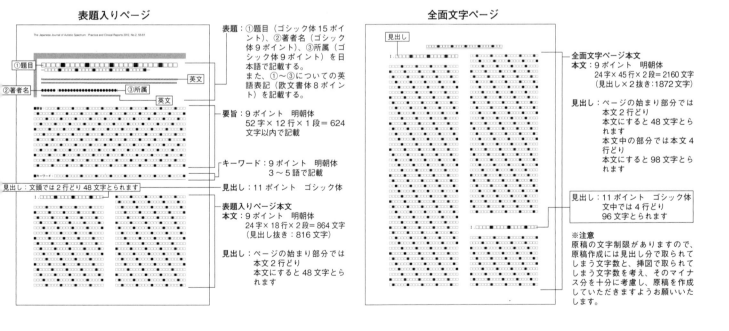

原著における事例研究、実践研究、実践報告の原稿作成にあたって

　「原著における事例研究」、「実践研究」または「実践報告」の原稿作成にあたっての基本的な構成、文献記載の仕方等の諸注意を記述する。必要に応じて参考にすること。なお、これらの研究・報告論文は、実践対象となる人々に対してあるべき指導・支援や環境設定を探求するものであり、また、指導・支援者にとっては実践を進めていくための手がかりになることをねらいとしている。そのため、できるだけ客観性やわかりやすさに留意して執筆すること。ここでは「特異例の症例報告」や「小集団指導報告」（小林, 2012）ではない指導を中心におく論文作成について説明する。

1. 投稿者は　1）原著論文、2）実践研究、3）実践報告　のいずれかを明記する（査読者・編集委員会の判断により変更を要請することがある）。
2. 投稿原稿作成にあたっては「投稿規定」「作成手引き」に原則的に従う。
3. 事例をとりあげる際には個人が特定されないようプライバシーの保護に最大限留意し、対象者や保護者、場合によっては所属機関について文書による承諾を得なければならない。対象者の年齢、障害の種類や程度によっては説明の理解、署名が困難な場合があり、その場合は保護者による代諾となるが、著者はできるだけ対象者本人にわかりやすく説明する努力を行う。
   1) 原著における事例研究：先行研究のレビューが適切になされ、新たな発見や証明などに関する学術的な独創性が見られること；①対象者が特にユニークな特徴を持ち、それらをどのように分析し、アプローチを考案したか。②アプローチの場の設定や教材・器具などに、またアセスメントや指導・支援の目標・手順・技法などに積極的な新機軸が認められるか。③指導・支援の実践・記録・考察が高レベルであると判断できるか、などについて明確に記述されていると判断されることがポイントとなる。
   2) 実践研究：先行研究のレビューが適切になされていること、しかし新たな発見や証明などに関する学術的な独創性については厳しく問わない。先行資料（研究論文・実践研究など）と同様の方法・手順・分析であってもよい。対象事例、指導手続きが具体的に記述され、データはできるだけ客観的な指標を用い、考察は先行研究と対比されてなされていること。
   3) 実践報告：先行研究のレビューや独創性は必須ではないが「作成手引き」に従って体裁が整えられ、実務に従事する会員が「教材」「指導法」その他についてヒントを得たりするなどのメリットが期待される。
4. 原著論文における事例研究、実践研究、実践報告にあっては、単一事例または小集団例の研究が中心となるが、学級集団などのグループ指導も含まれる。いずれの場合においても対象者や集団の生き生きとしたイメージの記述が期待され、読者（会員）の参考となり得るものが要請される。

【基本的な構成】

Ⅰ. 問題の所在と目的

　　問題提起と本稿での報告目的を述べる。その際、できるだけ関連する先行研究を引用しながら、実践の位置づけや根拠を述べることが望ましい。

Ⅱ. 方法

　　以下の項目を参考にしながら、対象者、指導や支援の方法について具体的に述べる。対象者の記述に関しては個人が特定されないよう留意した表現を用いるとともに、対象者（代諾者）からの許諾とその方法について明記する。

　　1. 対象者：基本事項（年齢・性別・所属）・主訴・生育史

　　2. アセスメント

　　　1) 対象者と環境、そしてそれらの相互作用の評価と理解

　　　2) 目標と仮説：指導・支援の方向・手順・場の提案

　　　　(1) 指導・支援の実際1：アプローチの方法と技法